Michael Shoikhedbrod

Modelowanie komputerowe w fizyce i medycynie

Michael Shoikhedbrod

Modelowanie komputerowe w fizyce i medycynie

Modele układów wielofazowych i guzów nowotworowych

Wydawnictwo Bezkresy Wiedzy

Imprint

Cover image: www.ingimage.com

This book is a translation from the original published under ISBN 978-613-8-38987-3.

Publisher:
Wydawnictwo Bezkresy Wiedzy
is a trademark of
Dodo Books Indian Ocean Ltd., member of the OmniScriptum S.R.L Publishing group
str. A.Russo 15, of. 61, Chisinau-2068, Republic of Moldova Europe
Printed at: see last page
ISBN: 978-620-0-54723-1

Do mojej rodziny:
Irina, Igor, Ariel, Elena i Aiden

Spis treści spisu treścients

Wprowadzenie

Modelowanie komputerowe jest najpotężniejszym narzędziem wiedzy, analizy i projektowania dla pracowników naukowo-badawczych, inżynierów, którzy realizują skomplikowane hydromechaniczne i medyczne procesy technologiczne.

Modelowanie komputerowe daje możliwość pracownikowi naukowo-badawczemu, inżynierowi do eksperymentowania z obiektami w takich przypadkach, gdy rzeczywisty obiekt jest praktycznie niemożliwy lub ekonomicznie nieużyteczny.

W obecnych czasach kontrola procesów technologicznych w warunkach nieważkości jest bardzo ważnym zagadnieniem. Odnosi się to do ukierunkowanego wykorzystania różnych oddziaływań na układ wielofazowy, takich jak wibracje, pola elektryczne i magnetyczne, w celu opracowania całkowicie nowych metod technologicznych, które powinny opierać się na pewnych efektach fizycznych, ze względu na nieważkość i wpływy kontrolowane.

Rozwój technologii kosmicznej ma szereg zadań naukowych i praktycznych związanych z badaniem zachowania się fazy gazowej układu wielofazowego w warunkach zmiennej grawitacji. Zadania te obejmują z jednej strony obróbkę materiałów wypełnionych gazem, z drugiej zaś w wielu przypadkach wymaga to realizacji odwrotnej operacji - separacji fazy gazowej, wtrąceń stałych układu wielofazowego.

Absorpcja gazów w cieczy odgrywa ważną rolę w procesach chemiczno-technologicznych w systemach zasilania w energię i podtrzymywania życia aparatury kosmicznej **[1, 2]**.

Tworzenie poszczególnych modułów i systemów (w tym systemu podtrzymywania życia) aparatury kosmicznej wymaga wstępnej ilościowej oceny podstawowych parametrów procesów fizycznych przy braku sił masowych.

Dla eksperymentalnych definicji tych parametrów musi być stworzenie specjalnych jednostek do symulowania warunków nieważkości lub eksperyment kosmiczny.

Są to jednak duże koszty kapitałowe. Zwiększa to zatem znaczenie badań teoretycznych i rozwoju metod inżynierskich obliczania systemów zaprojektowanych do pracy w warunkach lotu kosmicznego.

Zastosowanie modelowania matematycznego do zadań wystarczająco dobrze symulujących rzeczywiste procesy fizyczne, jest uzasadnione, ponieważ daje możliwość uzyskania oceny ilościowej i analizy jakościowej różnych zjawisk, pozwala przewidzieć efekty fizyczne, których należy się spodziewać w nieważkości, a także może być wykorzystane do racjonalnego planowania kosztownych eksperymentów oraz głębszej refleksji i syntezy wyników badań eksperymentalnych.

Modelowanie komputerowe pozwala przewidzieć efekty fizyczne, których należy się spodziewać z nieważkości, a także może być wykorzystane do racjonalnego planowania drogich eksperymentów oraz głębszego zrozumienia i uogólnienia wyników badań eksperymentalnych.

Istotą zastosowania modelowania komputerowego w tym przypadku jest zastąpienie początkowego obiektu technologicznego - układu wielofazowego w warunkach zmiennej grawitacji na opracowanym modelu matematycznym i dalsze badanie tego modelu z wykorzystaniem algorytmów logicznych realizowanych na komputerach.

Modelowanie komputerowe łączy w sobie zalety zarówno teorii, jak i eksperymentu. Praca nie z samym obiektem (zjawiskiem, procesem), ale z jego modelem, daje możliwość stosunkowo szybko, również, bez niezbędnych nakładów na zbadanie jego właściwości i zachowania w każdej rzeczywistej sytuacji.

Jednocześnie eksperymenty obliczeniowe (naśladownictwo) z modelami obiektów pozwalają szczegółowo i dogłębnie zbadać te obiekty w stopniu wystarczającym, niedostępnym na etapie podejść czysto teoretycznych, oraz otworzyć nowe, nie zidentyfikowane wcześniej prawa [3].

Zwłaszcza te eksperymenty obliczeniowe służące do podejmowania decyzji w kwestiach doskonalenia diagnostyki, doboru metody leczenia i jej korygowania w procesie prowadzonego leczenia, przewidywania skutków choroby, a także określenia najbardziej optymalnej taktyki postępowania z chorym po leczeniu, prowadzonej względnie w stosunku do złośliwego, mają istotne znaczenie dla ratowania pacjentów onkologicznych.

Przeprowadzone badania wykazały, że wykorzystanie komputera do analizy matematycznej materiału klinicznego jest nie tylko wysoce skuteczne, ale również pozwala na uzyskanie wyników, których nie można osiągnąć, stosując inne podejścia. [4 - 8].

W tym przypadku szczególną rolę odgrywa matematyczne modelowanie przebiegu całego procesu patologicznego złośliwego i prognozowanie jego uogólnienia po przeprowadzonym leczeniu [9 - 11].

Zachowanie się pęcherzyków gazu (kropli cieczy) w zmiennym polu grawitacyjnym.

Opracowanie naukowej koncepcji fizycznej natury tworzącego się pęcherzyka gazu w kontakcie trójfazowym (ciecz - gaz - ciało stałe) było możliwe dzięki rozwojowi matematycznej teorii zjawisk kapilarnych.

Po raz pierwszy Leonardo da Vinci zaobserwował podniesienie się płynu w naczyniach włosowatych w 1490 roku. Jednakże koncepcja napięcia powierzchniowego została wprowadzona w 1751 r. przez
A. Segner. Aż do XIX wieku, został opracowany jakiś empiryczny materiał, ale dopiero w 1805 roku, T. Yung, zapoczątkował tworzenie matematycznej teorii kapilarności na podstawie analogii płynu o swobodnej powierzchni z napięcia powierzchniowego i warstwy elastycznej.

Głębsze i bardziej naturalne fizycznie podejście do tej teorii, oparte na oddziaływaniu blisko położonych cząstek płynu, dało P. Laplace'owi w 1806 roku.

Podejście to było kontynuowane przez C. Gaussa w 1830 r., który uznał zasadę możliwych ruchów i związaną z nią zasadę minimalnej energii potencjalnej.

W wyniku tego sformułowano dwie kapilarności prawa, które matematycznie można zapisać w następującej formie:

a) Stan Eulera

$$\mathbf{grad}\ P = \rho f\ F \qquad (1)$$

gdzie ***P*** - ciśnienie w cieczy; ***F*** - potencjalne pole siłowe; ρf - gęstość cieczy.

b) Stan Laplace dla gradientu ciśnienia na powierzchni odcinka granicznego z fazy płynu i gazu:

$$P0 - P = \sigma 12\ (1/\rho 1 + 1/\rho 2) \qquad (2)$$

Tutaj ***P0*** = ***stała*** - ciśnienie w gazie; σ12 - napięcie powierzchniowe na granicy odcinka faz cieczy - gazu; *1/ρ1* и ***1/ρ2*** - krzywizny głównych normalnych odcinków w dowolnym punkcie powierzchni pęcherzyka gazu w cieczy.

c) Stan Dupré-Yung na linii stykowej trzech faz:

Cosθ = (σ13 - σ23)/σ12 (3)

gdzie θ - kąt styku; σ23 *и* σ13 - napięcie powierzchniowe, odpowiednio na granicach przekroju faz: ciecz - ciało stałe i gaz - ciało stałe.

Równania (1) i (2), biorąc pod uwagę pole siły ciężkości (***F = mg)***, można połączyć w następującej formie:

σ12 (1/ρ1 + 1/ρ2) + ρfgZ = stała ***(4)***

Tutaj ρf - gęstość płynu; ***g*** - przyspieszenie siły ciężkości; ***Z*** - pionowe punkty współrzędnych powierzchni na granicy odcinka fazy płyn-gaz.

Równanie (4) opisuje kształt profilu powierzchni na granicy przekroju pomiędzy dwoma płynami lub cieczą i gazem pod wpływem działania kapilary i tylko siły grawitacji.

Numeryczne rozwiązanie tego równania ze stanem brzegowym (3) wykonali F. Bashforth i J. Adams [12], aby przetestować matematyczną teorię kapilarności poprzez porównanie obliczonych i eksperymentalnie wyznaczonych profili postaci kropel przekroju poprzecznego rtęci o różnej wielkości i leżących na gładkiej powierzchni poziomej.

Wyniki uzupełniono i opublikowano w tabelach (1883), które stały się podstawą wielu bezwzględnych metod określania postaci kropel płynów (pęcherzyków gazu) oraz obliczania napięcia powierzchniowego w warunkach statycznych.

W [12], biorąc wierzchołek kropli za początek układu współrzędnych, ***X, Z*** - odpowiednio dla poziomych i pionowych współrzędnych dowolnego punktu południka powierzchni przekroju kropli, ograniczonego materiału stałego, autorzy zidentyfikowali wartości promieni głównych odcinków normalnych powierzchni gazu płynnego jako:

ρ1 = ρ

ρ2 = ***SinF/X (5)***

gdzie F - kąt, utworzony pod kątem prostym do dowolnego punktu powierzchni przekroju faz gaz-płyny i osi ***OZ***. Połączenie pomiędzy X, ***Z,*** ρ jest określone na podstawie konstrukcji geometrycznych, ma następujący typ:

$$dX = \rho CosF\, dF$$
$$dZ = \rho SinF\, dF \quad (6)$$

Ustalenie warunków początkowych jako:

$$\rho 1 = \rho 2 = b, \text{ pod } F, X, Z \rightarrow 0 \qquad (7)$$

(***b*** - współczynnik normalizacji)

i zastępując (5) w (4) zostało ustalone bezwymiarowe równanie Adams:

$$2 + \beta Z/b = 1/(b/\rho) + SinF1/(X/b) \qquad (8)$$

Tutaj β = $\rho fgb^2 / \sigma 12$ - wartość bezwymiarowa, wyraźnie symbolizuje kształt profilu powierzchni zrzutu (liczba Bond). Przypadek β > 0 - jest podstawą na powierzchni kropli materiału stałego; β < *0* - jest kroplą "wiszącą"; β = 0 - odpowiada kulistemu kształtowi kropli.

Należy zauważyć, że jak pokazano w **[13]**, "każdy stan równowagi płynu w dowolnym zbiorniku odpowiada innemu stanowi: wynikowemu odbiciu lustrzanemu całego układu płaszczyzny ekwipotencjalnej z jednoczesną wymianą płynu na gaz i plecy oraz kątami styku do dodatkowych do 180°".

W związku z tym, przypadek β > 0 odpowiada powyższemu polu powietrza w zbiorniku z pokrywą; β < *0* odpowiada pęcherzykowi gazu, umocowanemu na powierzchni materiału stałego.

Integrując układ równań (6) i (8), F. Bashforth i J. Adams uzupełnili tabelę wartości: współrzędne ***X/b, Z/b,*** promienie b/ρ, objętości ***V/b,***
powierzchnie ***S/b*** kropli płynu poniżej podanych wartości β (gdzie β były zarówno dodatnie jak i ujemne).

W **[14] tabele** te zostały uzupełnione dla przypadku spadku β> *0* ("sessile"), a w [15], **przy** użyciu komputera, zbudowano najbardziej kompletne tabele, zawierające ponad 400 stron.

Dla interesujących nas pęcherzyków "wiszących" lub "rozszczepialnych" ($\beta < 0$) obliczono różne zagadnienia związane odpowiednio z elektrochemią na elektrodzie spadowej i flotacji piany [16, 17] formy profili pęcherzyków gazowych o odpowiednich wartościach β od -0,*0125 do* -0,*25.*

Należy jednak zauważyć, że tabele te pozwalają na zbudowanie profilowej postaci pewnych kropelek płynu (pęcherzyków gazu), w której diapazon wartości β nie odpowiadał dokładnie wartościom β rzeczywistych kropli i pęcherzyków.

Dlatego opracowanie komputerowego modelu do obliczeń różnych rzeczywistych pęcherzyków powietrza, gęstych kropli w różnych płynach, które nie są związane z tabelami, jest rzeczywiście ważnym celem.

Wyniki przeprowadzonych obliczeń numerycznych równania (4) pozwalają na obliczenie sił działających pomiędzy powierzchnią materiału stałego i osadzonym na niej pęcherzykiem gazu, a także na zbadanie wpływu fizykochemicznego na zmianę kształtu profilu, wspólnej energii powierzchniowej pęcherzyka gazu.
F. Bashforth i J. Adams [12], a także inni badacze [16 - 18] stwierdzili, że równowaga sił działających na obwód wiązania pęcherzyków gazu jest określona przez siłę wiązania pęcherzyków - $2\pi\sigma 12 \, Sin\theta$, przez siłę Archimedesa - ρfgV, przez krzywiznę powierzchni pęcherzyka - $\pi\sigma 12a^2 \, (1/\rho 1 + 1/\rho 2)$ i może być wyrażona następującymi równaniami:

a) dla przypadku $\beta > 0$:

$$2\pi a\sigma 12 \, Sin\theta + \rho fgV = \pi\sigma 12a^2 \, (1/\rho 1 + 1/\rho 2) \qquad (9)$$

b) dla przypadku $\beta < 0$:

$$2\pi a\sigma 12 Sin\theta = \rho fgV + \pi\sigma 12a^2 \, (1/\rho 1 + 1/\rho 2) \qquad (10)$$

gdzie $\pi = 3.1416$; a - promień utrwalenia konturu; ρ1 i ρ2 - główne promienie krzywizny powierzchni pęcherzyka w utrwaleniu konturu; θ - kąt kontaktu.

Dla określenia równowagi sił działających na przymocowany do powierzchni stałej pęcherzyk w dowolnym punkcie powierzchni, w [18] uznano, że ciśnienie wewnątrz pęcherzyka jest większe niż ciśnienie hydrostatyczne otaczającej go cieczy na wartość

$$\sigma 12 \, (1/\rho 1 + 1/\rho 2) - \rho fgh$$

(gdzie ***h*** - wysokość pęcherzyka), ponieważ pod przeniesieniem z poziomu, odpowiada wierzchołkowi pęcherzyka, do poziomu, który odpowiada podstawie, ciśnienie cieczy rośnie na ***ρfgh,*** ale ciśnienie gazu praktycznie nie zmienia się.

W rezultacie, dla przypadku $\beta < 0$ uzyskano następujący warunek równowagi:

$$2\pi a\sigma 12 Sin\theta = \rho fgV + \pi a^2 [\sigma 12 (1/\rho 1 + 1/\rho 2) - \rho fgh] \quad (11 \quad)$$

W punktach obwodu mocowania, gdy $h = 0$, równanie (11) przechodzi do (10). Równania (10) i (11) stosuje się w równym stopniu do etapów, które bezpośrednio poprzedzają oderwanie się pęcherzyków i są od niego oddalone, a także do przypadków nieograniczonego i ograniczonego obwodu umocowania pęcherzyków na powierzchni poziomej.

W [18] eksperymentalnie zweryfikowano uzasadnienie tego wniosku dla przypadku bańki - rtęci i bańki - metalu.

Określając za pomocą równania (10) lub (11) wytrzymałość kontaktu pęcherzyka gazu z powierzchnią materiału stałego, nietrudno zauważyć, że pęcherzyk gazu, umocowany na powierzchni materiału stałego, znajdzie się w równowadze stabilnej, jeżeli siły przyczepności będą równe lub większe od sił rozrywających pęcherzyka.

Ponadto, im większy stopień zwilżalności powierzchni materiału stałego, tj. im większy kąt kontaktu, tym większa wytrzymałość pęcherzyków na klej.

Prawidłowe określenie kąta kontaktu jest niezbędne do ustalenia prawidłowych warunków brzegowych do obliczenia stopnia utrwalenia pęcherzyka na powierzchni materiału stałego w cieczy.

Z praktyki unoszenia się rudy, a w szczególności węgla, wiadomo, że wtryskiwanie olejów (odczynników niepolarnych) do masy celulozowej unoszącej się na wodzie intensyfikuje proces unoszenia się na wodzie, oddzielania cząstek różnych minerałów i przyczynia się do wydobycia do produktu piankowego znacznie większych i cięższych cząstek, które wcześniej nie pływały.

Przeprowadzone wcześniej eksperymenty [19] wykazały, że wraz z tworzeniem się granicy z niepolarnego odczynnika na obwodzie wiązania pęcherzyka na powierzchni spolaryzowanej rtęci, zanurzonej w roztworze wodnym, następuje rozprzestrzenienie się -

"spłaszczenie" pęcherzyka, co jest istotne ze względu na selektywną zwilżalność powierzchni rtęci przez olej.

Analogiczne wyniki uzyskano również z pęcherzykami, utrwalonymi w identycznych warunkach na powierzchni cząstek węgla.

Ponadto odkryto, że na bardziej hydrofobowej powierzchni, podobnie jak na rtęci, wraz z powstawaniem w komórce rozładunkowej, wzrostowi objętości pęcherzyka pęczniejącego towarzyszy jego duże rozprzestrzenienie i silniejsze utrwalenie w porównaniu z przypadkiem, gdy rozprzestrzenienie się wzdłuż podstawy jest trudne.

Obliczenia, przeprowadzone za pomocą równania (11) z wykorzystaniem danych doświadczalnych oraz tabel **[19, 20]**, wykazały, że zmniejszenie napięcia powierzchniowego na granicy odcinka fazy ciecz - gaz jest kompensowane podczas rozprzestrzeniania się pęcherzyka przez zwiększenie obwodu jego styku oraz przez zmniejszenie ciśnienia oderwania kapilarnego gazu w pęcherzyku.

Spowodowane jest to zarówno spadkiem napięcia powierzchniowego na granicy odcinka cieczy fazowej - gazu, jak i spłaszczeniem pęcherzyka.

Co więcej, równowaga w przypadku powierzchni hydrofobowej jest ustalana za pomocą przesuwającego się kąta kontaktu i dodatkowego wzmocnienia kontaktu.

Uzyskane wyniki nie pozwalają jednak na wyjaśnienie znacznego wzmocnienia kontaktu pęcherzyka z litą warstwą podstawową.

Oczywiście, dla zbadania mechanizmu działania odczynników niepolarnych, sposób ilościowej oceny sił działających pomiędzy stałą powierzchnią i zamocowanym na niej pęcherzykiem, z uwzględnieniem sił kapilarnych oderwania, jest wiarygodny i perspektywiczny.

Pierwszym naukowcem, który wyznaczył zadanie zbadania wpływu nieważkości na formę kropli płynu lub pęcherzyka gazu, był belgijski fizyk Joseph Plateau **[21]**.

"Nieważkości" stworzył Joseph Plateau, umieszczając pewną ilość oleju w mieszaninie wody i alkoholu o tej samej gęstości.

Przy całkowitym albo prawie całkowitym braku sił zewnętrznych, w szczególności sił grawitacji i sił równoważnych, zachowanie się mas płynów, częściowo lub całkowicie ograniczone swobodną powierzchnią, jest określane przez wyjątkowo interakcje międzycząsteczkowe.

Istniejące wyobrażenia o fizyce płynów w tych warunkach są w zasadzie ograniczone przez "statykę cienkich warstw płynów lub przez układy o małych rozmiarach, podobnych pęcherzyków i kropli" **[22, 23]**.

21 sierpnia 1962 roku kosmonauta P. R. Popovich poinformował o pierwszych na świecie obserwacjach zachowania się wody w warunkach lotu orbitalnego.

Obserwacje wykazały, że woda, która zajmuje kolbę jako pierwsza półkula dolna, miała postać całej kulistej powłoki, w której umieszczono powietrze.

Interfejs między wodą i powietrzem zwiększył się ***2,52*** razy.

Teoretyczne uzasadnienie przeprowadzonych obserwacji, przedstawione przez V.V. Shuleykin w **[24, 25]**, są poświęcone zachowaniu się płynu, który traci na wadze.

Teoretyczne badanie zmiany postaci (menisku) wody w szklanym cylindrycznym pojemniku ze zmianą przyspieszenia grawitacyjnego przeprowadzono na podstawie równania (4).

Ponieważ równanie (4) opisuje całe rodziny podobnych powierzchni, za pomocą tabel **[12]**, wykorzystując prawo symetrii powierzchni geometrycznych, otrzymano przeliczenie współrzędnych punktów powierzchni cieczy odpowiadających postaciom cieczy o różnych przyspieszeniach grawitacyjnych, w przypadku zwilżalności całkowitej ($\theta = 0$).

W wyniku tego jakościowo zbudowano profile form płynu (menisci), pobranego w pojemniku szklanym pod wpływem zmiany przyspieszenia ***grawitacji*** o $g = 980 cm/sec^2$ do $g = 0$, ponadto zauważono, że przy $g = 0$ równanie (4) spełnia unikatowe rozwiązanie - kulistą powierzchnię promienia pojemnika, który dotyka jego ścian.

Autor wykazał, że w warunkach nieważkości praca sił napięcia powierzchniowego zwiększa swobodną wodę powierzchniową w zbiorniku i nie tylko kompensuje zmianę energii powierzchniowej, ale tworzy dodatkową energię, która jest zamieniana na ciepło.

W przypadku, gdy byłaby to strata energii na tarcie, wówczas przy zbliżeniu płynu do formy równowagi, ta dodatkowa energia zamieniana byłaby na energię kinetyczną ruchu płynu, która z kolei zmuszałaby go do oscylowania w pobliżu stanu równowagi.

Jednak takie oscylacje w czasie będą wilgotne z powodu tarcia, a stały meniscus stanu równowagi płynu będzie z powierzchnią większą niż w przypadku warunków ziemskich.

Eksperymenty, przeprowadzone przez P. R. Popowicza, były inne, gdyby powierzchnia szkła była pokryta hydrofobową powłoką.

Wówczas nie byłaby ona zwilżalna, a woda byłaby na zewnątrz ograniczona przez kulę, która przecinałaby się z powierzchnią bazową pod odpowiednim kątem kontaktu.

Sprawa ta była rozpatrywana w **[25]. Na tej** samej zasadzie, jak w **[24], za** pomocą tabel **[12]** uzyskano formy spadku cieczy, umocowane na powierzchniach ciała stałego (stearynian cynku o kącie zwilżalności stykowej θ = ***135°***), przy spadku przyspieszenia ***grawitacyjnego*** z ***g = 980cm/sec²*** do ***g = 0***.

Tak jak w pierwszym przypadku, warunek ***g = 0***, który odpowiada powierzchni o minimalnej energii powierzchniowej - kulistego spadku, ograniczonego przez stałą powierzchnię.

Należy zauważyć, że w obu przypadkach uznano, że przy zmianie przyspieszenia grawitacyjnego kąt zwilżalności styku jest określany jedynie przez siły oddziaływania międzycząsteczkowego na granicy przekroju, a zatem zmiana działania siły objętościowej (siły ciężkości) nie wpływa na wartość kąta zwilżalności styku.

Numer pracy współczesnych autorów **[21-23] poświęcony jest** również opisowi matematycznemu form przyjmowanych przez płyn pod wpływem spadku przyspieszenia grawitacyjnego.

Zebrany materiał teoretyczny pozwala jednak na prześledzenie zachowania się tylko tych wyznaczonych za pomocą wąskiej diapazonu wartości kropli płynu (pęcherzyków gazu) pod zmniejszeniem przyspieszenia grawitacyjnego, w wyniku zależności od uzyskanych roztworów ze stosowanych tabel.

Ponadto analizę zachowania się form równowagi płynu pod wpływem spadku przyspieszenia grawitacyjnego przeprowadzono albo na podstawie czysto geometrycznych zasad symetrii, które silnie upraszczają istotę przepływających procesów fizycznych, albo na podstawie teoretycznych oszacowań istniejących równań hydrostatycznych równowagi płynu, uwzględniających spadek przyspieszenia grawitacyjnego, bez tworzenia numerycznego rozwiązania tych równań.

Oczywiście, dla dokładniejszego jakościowego i ilościowego badania zachowania się kropli płynu (pęcherzyków gazu) w warunkach spadku przyspieszenia grawitacyjnego, bardziej perspektywiczny jest sposób tworzenia fizycznych modeli komputerowych, które pozwalają numerycznie, z dużą dokładnością, prześledzić wpływ zmiany przyspieszenia grawitacji, napięcia powierzchniowego i kąta zwilżalności kontaktowej na zmianę formy, wspólnej energii powierzchniowej pęcherzyków gazu (kropla płynu) i równowagi sił, które utrzymują go na powierzchni materiału stałego.

Stworzenie takich modeli komputerowych pozwoli z dużą dokładnością numeryczną określić wpływ zmiany przyspieszenia grawitacji, napięcia powierzchniowego i kąta zwilżalności stykowej na zmianę formy, wspólną energię powierzchniową pęcherzyka gazu (kropli cieczy) i równowagę sił, które utrzymują go na powierzchni materiału stałego.

W **[29]** dokonano jakościowego obliczenia zmiany wspólnej wolnej energii układu, najprostszej formy geometrycznej (naczynia kuliste, częściowo wypełnione płynem), ze zmianą przyspieszenia ***grawitacyjnego*** z $\boldsymbol{g = 980cm/sec^2}$ na $\boldsymbol{g = 0}$.

W rezultacie wykazano, że wraz ze spadkiem przyspieszenia grawitacji, mimo że w układzie wzrasta swobodna energia na granicy odcinka fazy gaz płynny - gaz, to swobodna energia na granicy odcinka fazy gaz - ciało stałe zmniejsza się znacznie mocniej, co prowadzi do tego, że wspólny układ swobodnej energii jako całość zmniejsza się.

Tak więc, stan nieważkości jest energetycznie korzystny dla układu ciecz - gaz - ciało stałe, ponieważ wraz ze spadkiem przyspieszenia grawitacji, następuje uwolnienie energii i układ jest zbliżony do stanu równowagi z minimalną ilością wspólnej wolnej energii.

Zależność pomiędzy zwilżalnością kontaktową θ a zmianą powierzchni na przekroju faz ciecz-gaz $\Delta S12$, ciało stałe - ciecz ΔS23 (pojawiająca się w wyniku zmniejszenia przyspieszenia grawitacyjnego) **[29]**

$$Cos\theta \leq \Delta S12 / \Delta S23 \qquad (12)$$

następuje oddzielenie jednej z faz (cieczy lub gazu) od ścianek naczynia, a swobodna energia przechodzi do energii kinetycznej ruchu utworzonego pęcherzyka gazowego lub kulistej kropli cieczy.

Zjawisko to nazywane było "skokiem kapilarnym" i eksperymentalnie badane było na przykładzie spadku rtęci i pustki gazowej w wodzie [30].

Uzyskane w [29] danych liczbowych zależności od uwolnionej energii, kąt zwilżalności styku (z którym następuje oddzielenie jednej z faz układu od ścianek naczynia) od stopnia posiadania naczynia przez ciecz miały charakter jakościowy i nie są kompletne.

Można to wytłumaczyć faktem, że albo badano najprostszy układ - kuliste naczynie, wypełnione płynem, albo wykorzystano profile płynu, wzięte ze spadkiem przyspieszenia grawitacyjnego, zbudowane w oparciu o geometryczne zasady symilacji.

Dokładne liczbowe określenie uwolnionej energii płynu systemowego - gazu w warunkach nieważkości jest niezbędne do realizacji w praktyce ważnych procesów technologicznych w przestrzeni, takich jak separacja szkodliwych wtrąceń stałych, odgazowanie specjalnych płynów w układach zasilania i podtrzymywania życia długotrwałych stacji orbitalnych.

Zachowanie się pęcherzyków gazu pod wpływem wibracji w Ziemi i w warunkach mikrograwitacji.

Dynamiczna stabilność i stabilność układów wielofazowych ma istotne znaczenie dla bardzo wielu operacji technologicznych zarówno w kosmosie, jak i na Ziemi.
Jednym z nich jest obróbka cennych o doskonałych właściwościach fizyko-chemicznych materiałów piankowych, zawiesin itd.

Kontrolowanie działań zewnętrznych jest niezbędne do stabilizacji układów wielofazowych dla realizacji różnych procesów technologicznych.

W zależności od procesu technologicznego i stwierdzonego problemu, działania zewnętrzne mogą być mechaniczne, wibracyjne, elektryczne, elektromagnetyczne itd.

Z drugiej strony, w przestrzeni pojawia się odwrotne zadanie: oddzielenie różnych faz, na przykład odgazowanie i oczyszczenie paliwa lub metalu, stopienie kryształu.

Zadanie to sprowadza się do utworzenia przesunięcia kierunkowego poszczególnych elementów układu manyfazowego (separacji).

Jedną z możliwych i racjonalnych metod rozwiązania tego problemu jest również wykorzystanie działań zewnętrznych.

W planie teoretycznym, badanie kontrolowanych procesów technologicznych, prowadzi do konieczności badania zachowania się pęcherzyków gazu pod różnymi zewnętrznymi wpływami fizycznymi.

Duża liczba manuskryptów poświęcona jest badaniu zachowania się pęcherzyków gazu w cieczy wibrującej.

Większość z nich odnosi się do określenia stałego poziomu równowagi pęcherzyków gazu w cieczy, wypełniających zbiornik sztywny i elastyczny, który znajduje się na ruchomej podstawie [31 - 35].

Teoretyczny opis zachowania się pęcherzyków powietrza w cieczy pod wpływem drgań podany w [31].

Autor, badając działania wibracyjne na pęcherzyki powietrza w nieścieralnym, nie lepkim płynie, który znajduje się w płaskim sztywnym zbiorniku, uzyskał warunki do unoszenia się, zatapiania pęcherzyków powietrza i wahań wokół poziomu równowagi (h_{eq}):

$$\alpha N < 2$$
$$\alpha N > 2 \quad (13)$$
$$\alpha N = 2$$

gdzie $\alpha = 3hNg / a^2 (\lambda^2 - \omega^2)$ (14)

Tutaj, h - poziom, na którym znajduje się bańka; ω - częstotliwość drgań; Ng - przyspieszenie drgań; a - promień pęcherzyka; λ - częstotliwość drgań małego pęcherzyka o promieniu a.

Zakładając małe drgania pęcherzyków w pobliżu poziomu równowagi i małe odkształcenia pęcherzyków pod wpływem działających drgań, otrzymano równanie ruchu pęcherzyków w cieczy, równanie deformacji pęcherzyków i równanie poziomu równowagi, w pobliżu którego pęcherzyk się zmienia.

Następnie w [32] kontynuowano teoretyczne badania zachowania się pęcherzyków gazu w cieczy wibrującej w przypadku naczynia elastycznego, płynu lepkiego, dużych pęcherzyków gazu [33].

Badania doświadczalne w tym zakresie reprezentowane były w [34, 35].

Przeprowadzone doświadczenia pozwoliły na określenie kontrolowanego przemieszczenia pęcherzyków gazu w cieczy za pomocą drgań wzdłużnych w diapazonie o częstotliwościach od ***50*** do ***800Hz*** zarówno w Ziemi, jak i w warunkach zmniejszania przyspieszenia grawitacyjnego [36].

W przeprowadzonych badaniach nie ustalono jednak celu wyznaczenia optymalnych parametrów na stałym przemieszczaniu i zatrzymywaniu pęcherzyków gazu w cieczy wibrującej oraz teoretycznego obliczenia tych parametrów dla warunków mikrograwitacji.

Określenie tych parametrów jest niezbędne do realizacji odgazowywania paliwa i płynów specjalnych w układach zasilania i podtrzymywania życia aparatury kosmicznej.

Modelowanie komputerowe w onkologii.

Przeprowadzone badania wykazały, że wykorzystanie komputera do analizy matematycznej materiału klinicznego jest nie tylko wysoce efektywne, ale również pozwala na uzyskanie wyników, których nie można osiągnąć, stosując inne podejścia [4 - 8].

W [7] ustalono, że "teraz dla każdego chorego w ROSC (Rosyjskie Onkologiczne Centrum Naukowe) zostanie sporządzony "paszport guza" - dokument medyczny, w którym należy ustalić wszystko: wielkość nowotworu, szczególną cechę histologiczną, cechy molekularno - genetyczne, a także wymienić wszystkie przeprowadzone badania i leki, w odniesieniu do tego, że guz jest oporny".

Należy zauważyć, że podobne paszporty guzów, które zawierają wszystkie dane na temat nowotworów, w tym wielkość nowotworu złośliwego, szczególną cechę histologii, cechy molekularno - genetyczne, wszystkie przeprowadzone badania i leki, w odniesieniu do tego, że guz był oporny, uzyskane z kart pogotowia ratunkowego i historii choroby pacjentów onkologicznych, stanowiły bazę danych guzów Republic Clinical Oncological Dispensary (RCOD, Tadżykistan).

W oddziale ACS (automated control system) złożona baza danych guzów została zapisana na dyskach magnetycznych i taśmach komputera EC-1022 jeszcze w 1986 roku.

Autor wraz ze współpracownikami Zakładu Onkologii Tadżyckiego Państwowego Instytutu Medycznego opracował zautomatyzowany system kontroli procesu onkologicznego [4, 5].

Opracowany zautomatyzowany system kontroli przez proces onkologiczny obejmował:

1. Specjalnie opracowany w języku komputerowym C system do tworzenia i kontroli przez codziennie wypełnianą bazę danych nowotworów DBMS (Data Base Management System).

2. Komputerowa diagnostyka radiologiczna, spektroskopowa w podczerwieni guzów oraz inne formy diagnostyki (analizy histologiczne, molekularno-genetyczne).

3. Zautomatyzowane sortowanie danych o lokalizacjach złośliwych.

4. Przetwarzanie statystyczne i analiza matematyczna uzyskanych danych z wykorzystaniem przystosowanych do przetwarzania informacji medycznych pakietów programów statystycznych ***SSP*** (***Scientific Subroutine Package***) firmy ***IBM***.

5. Zindywidualizowana prognoza wyboru metody leczenia i jej wyniku przy użyciu metody interpolacji matematycznej.

6. Wyniki leczenia i jego wynik każda lokalizacja guza pozostaje na dyskach magnetycznych i taśmach do dalszej realizacji bazy doświadczalnej specjalnie opracowanego programu komputerowego o interpolacji matematycznej.

W [8] opracowaniu statystycznym przedstawiono wieloczynnikową prognozę regresji, która pozwala praktycznie bezbłędnie zindywidualizować prognozę, co decyduje o możliwości indywidualnego podejścia do monitorowania i leczenia pooperacyjnego chorych.

Analiza danych czynników (program ***FACTO***, ***CORRE***, ***EIGEN***, ***TRACE***, ***LOAD***, ***VARMX*** pakietu ***SSP***, lub w [8] ***"FACTOR"***) określa wartości korelacji każdego czynnika ze wszystkimi pozostałymi czynnikami.

Ilość czynników nie jest ograniczona przez ***15*** czynników, jak to było w [8], ale jest określona przez pamięć programu dla macierzy przez wielkość *N*(ilość czynników) x *N*(liczba pacjentów).

W naszym przypadku, rozmiar skomponowany jako minimum ***100x100*** tylko dla jednej lokalizacji guza.

O przybliżonej regresji wieloliniowej można mówić tylko w przypadku wartości stałych korelacji równej ***1***, tj. ***100%***, ale w [8] wartości te nie przekraczają ***80%***.

Co więcej, nawet jeśli wartości korelacji osiągną ***1*** i jeden czynnik może być obliczony przez resztę (regresja wieloliniowa - program ***MULTR*** (***SSP***)) za pomocą wzoru:
$Y1 = aY2 + bY3 + cY4 + dY5 + \ldots$ (15)

gdzie ***Y1, Y2, Y3, Y4, Y5 ...*** - czynniki, oraz ***a, b, c, d ...*** obliczone przez program współczynniki regresji wielorakiej, to mówiąc o prognozie nie ma sensu, ponieważ ta zależność funkcjonalna może być nieliniowa, wielomianowa i tak dalej.

Analiza czynnikowa pozwala dostrzec, że związek ten istnieje na poziomie liczb i nawet można próbować ustalić jego pierwszą aproksymację (15), ale mówić o wieloczynnikowej prognozie regresji, a te bardziej o bezbłędnym, zindywidualizowanym rokowaniu, które decyduje o możliwości indywidualnego podejścia do monitorowania i leczenia pooperacyjnego pacjentów, nie mają sensu.

Metoda interpolacji modelowania matematycznego jest precyzyjnym prognozowaniem z punktu widzenia matematyki.

Interpolacja w matematyce obliczeniowej nazywana jest metodą znajdowania wartości pośrednich na istniejącym dyskretnym zbiorze znanych wartości.

W ramach prowadzenia obliczeń naukowych i inżynieryjnych, często niezbędnych do pracy ze zbiorami wartości uzyskanych eksperymentalnie lub metodą doboru losowego.

Co do zasady, na podstawie tych zbiorów niezbędnych do skonstruowania funkcji, na które z dużą dokładnością mogłyby spaść inne uzyskane wartości.

To zadanie nazywa się przybliżeniem.

Interpolacja nazywana jest taką odmianą aproksymacji, z którą krzywa skonstruowanej eksperymentalnie funkcji przebiega dokładnie przez istniejące punkty danych (punkty węzłowe).

Ponadto interpolacja pozwala przewidzieć (ekstrapolować) punkty eksperymentalnie skonstruowanej funkcji poza granicami przedziału, na którym skonstruowana funkcja jest przypisana.

Tak więc wykorzystanie opracowanego przez proces onkologiczny automatycznego systemu kontroli w praktyce klinicznej do rzeczywistego i skutecznego leczenia pacjentów onkologicznych jest dziś aktualne i rewolucyjne.

Analiza znanych nam źródeł literackich sprowadza się do następujących elementów:

1. W celu zbadania formy, wspólnej energii powierzchniowej pęcherzyków gazu i równowagi sił, które utrzymują go na stałej powierzchni cieczy, bardzo ważne są obliczenia formy różnych pęcherzyków gazu z szerokim zakresem β, które odpowiadają rzeczywistym pęcherzykom gazu oraz uwzględnienie obliczeń histerezy zwilżalności dla prawidłowego określenia kąta zwilżalności kontaktowej.

2. Wstrzyknięcie niepolarnych odczynników do masy pływakowej intensyfikuje proces separacji pływających cząstek różnych minerałów. Istniejące dane z literatury nie pozwalają na wyjaśnienie znacznego wzmocnienia kontaktu pęcherzyka z cząstką stałą w obecności niepolarnego odczynnika. Do badania mechanizmu działania odczynników niepolarnych konieczna jest ilościowa ocena sił działających między stałą powierzchnią a osadzonym na niej pęcherzykiem oraz obliczenie kapilarnych sił oderwania.

3. Istniejące dane z literatury są dozwolone tylko jakościowo w celu prześledzenia zachowania się tych pęcherzyków gazowych oznaczonych, z wąskim zakresem β, przy spadku przyspieszenia grawitacyjnego. Dla pełniejszego i bardziej precyzyjnego badania zachowania się pęcherzyków gazu w warunkach zmniejszania przyspieszenia grawitacyjnego konieczne jest. Bardzo ważne jest stworzenie fizycznych modeli komputerowych, które pozwalają numerycznie, z dużą dokładnością, określić wpływ zmiany przyspieszenia grawitacji na zmianę formy, wspólnej energii powierzchniowej prawdziwego pęcherzyka gazu i równowagi sił, stałych pęcherzyków na powierzchni materiału stałego.

4. Przeprowadzone wcześniej badania doświadczalne wskazują na możliwość praktycznego wykorzystania sterowania - kierunkowego przemieszczania się fazy gazowej w cieczy zarówno na Ziemi, jak i w warunkach małej grawitacji pod wpływem drgań. Do realizacji odgazowywania paliwa i innych płynów specjalnych w układach zasilania i podtrzymywania życia długotrwałych stacji orbitalnych niezbędne jest określenie optymalnych parametrów stałego wypierania fazy gazowej w płynie wibracyjnym oraz obliczenie tych parametrów dla warunków małej grawitacji.

5. Przeprowadzone badania wykazały, że wykorzystanie komputera do analizy matematycznej materiału klinicznego jest nie tylko wysoce skuteczne, ale również pozwala na uzyskanie wyników, których nie da się osiągnąć, stosując inne podejścia.

W tym przypadku szczególną rolę odgrywa matematyczne modelowanie przebiegu całego procesu patologicznego nowotworzenia złośliwego i prognozowanie jego uogólnienia po przeprowadzonym leczeniu.

Wykorzystanie w praktyce klinicznej opracowanego automatycznego systemu kontroli procesu onkologicznego jest dziś niezbędne dla skutecznego leczenia pacjentów onkologicznych.

W książce tej autor, po przeprowadzeniu analizy numerycznej i eksperymentalnej z wykorzystaniem modelowania komputerowego, podjął próbę rozwiązania tych problemów.

Rozdział I. Komputerowe modelowanie zachowania się pęcherzyka gazu, umocowanego na powierzchni materiału stałego, w Ziemi.

1.1 Obliczenie numeryczne współrzędnych forma profili, powierzchnia kwadratowa, objętość gazu bańki i siły, które działają na nią w płynie.

Teoretyczne obliczenie postaci kropli płynu pod wpływem sił grawitacji i napięcia powierzchniowego (lub postaci pęcherzyka gazu w płynie, umocowanego na powierzchni materiału stałego) zostało wykonane na podstawie numerycznego rozwiązania równania (8):

$$2 + \beta Z/b = 1/(b/\rho) + SinF1/(X/b) \qquad (1.1.1)$$

Jedną z metod numerycznego rozwiązania równania (1.1.1) jest metoda Adams [12].

Istota zastosowanej metody Adams'a polegała na tym, że

Założono, że ρ w równaniu (1.1.1) może być przedstawione w postaci szeregu mocy:

$$\rho = 1+ b2F2 + b4F4+ b6F6+ b8F8+b10F10+ ... \qquad (1.1.2)$$

gdzie ***b2***, ***b4***, ***b6***, ***b8***, ***b10*** ... - współczynniki, które następnie musiały zostać określone.

Ponieważ mamy układ równań (6):

$$dX = \rho CosF\, dF$$
$$dZ = \rho SinF\, dF \qquad (1.1.3)$$

rozszerzające ***CosF***, ***SinF*** w szeregu Taylora i zastępujące wartości ρ w postaci (1.1.2) w (1.1.3), po całkowaniu wyznaczono wartości ***1/*** ρ***, X, Z, SinF/X w*** postaci szeregu mocy o współczynnikach ***b2***, ***b4***, ***b6***, ***b8***, ***b10***, ...

Przez podstawienie otrzymanych wyrażeń w (1.1.1) wyznaczono współczynniki ***b2***, ***b4***, ***b6***, ***b8***, ***b10*** ...

W rezultacie otrzymano wyrażenia dla ***b/ρ***, ***Z/b, X/b*** w postaci szeregów mocy z argumentem ***F:***

$$b/\rho = 1+(3/8)\beta F2+[(1/48)\beta-(13/192)\beta 2]F4+[(11/5760)\beta+(1/128)\beta 2+$$
$$+(229/9216)\beta 3]F6+[(1/8960)\beta-(31/30720)\beta 2-(401/92160)\beta 3-$$
$$-(8431/737280)\beta 4]F8+[(233/14515200)\beta-(17/725760)\beta 2+$$
$$+(1517/2211840)\beta 3+(7409/2764800)\beta 4+$$
$$+(522091/88473600)\beta 5]F10 \qquad (1.1.4)$$

$$Z/b = (1/2)F2-[(1/24)+(3/32)\beta]F4+[(1/720)+(1/72)\beta+(5/144)\beta 2]F6-$$
$$-[(1/40320+(49/46080)\beta+(67/9216)\beta 2+(1183/73728)\beta 3]F8+$$
$$+[(1/3628800)+(11/241920)\beta+(157/184320)\beta 2+$$
$$+(2987/691200)\beta 3+(6799/819200)\beta 4]F10-[(1/479001600)+$$
$$+(269/174182400)\beta+(7993/139345920)\beta 2+$$
$$+(3551/5308416)\beta 3+(724007/265420800)\beta 4+$$
$$+(4882031/1061683200)\beta 5]F12 \qquad (1.1.5)$$

$$X/b = F-[(1/6)+(1/8)\beta]F3+[(1/120)+(1/24)\beta+(1/24)\beta 2]F5-$$
$$-[(1/5040)+(23/5760)\beta+(7/384)\beta 2+(169/9216)\beta 3]F7+$$
$$+[(1/362880)+(1/4032)\beta+(143/55296)\beta 2+(1324/138240)\beta 3+$$
$$+(6799/737280)\beta 4]F9-[(1/39916800)+(103/14515200)\beta+$$
$$+(565/2322432)\beta 2+(3937/2211840)\beta 3+(121447/22118400)\beta 4+$$
$$+(443821/88473600)\beta 5]F11 \qquad (1.1.6)$$

Obliczenia numeryczne współrzędnych, promieni krzywizny profili przekroju południków kropel płynu wykonano poprzez podstawienie w tych wyrażeniach kątów ***F*** od ***0*** do wartości granicznej π - ***θ*** z krokiem całkowania ώ pod daną wartością β.

Wartość β określa właściwości fizyczne betonowej kropli cieczy i jest uważana za podaną, jeżeli są to ciecze o znanej gęstości, napięcie powierzchniowe na granicy odcinka cieczy fazy - gazu, współczynnik normalizujący ***b***.

Wartość graniczna kąta θ została określona na podstawie stanu Dupré-Yung (3).

Dokładność rozwiązania równania (1.1.1) metodą Adams'a zależy od kolejności stopnia ostatniego członu serii potęg z argumentem ***F*** w wyrażeniach (1.1.4) - (1.1.6), który z kolei zależy od wyboru stopnia integracji ώ.

Jak pokazano w [12], liczbowe obliczenia wyrażeń dla ***b/ρ, X/b, Z/b*** wydają się być wystarczająco dokładne, jeśli było to ograniczone rozszerzenie serii mocy do członu ***10*** rzędu.

W tym przypadku ώ był równy ***5***°.

Wartość stopnia integracji ώ znajduje się w następującej zależności od błędu obliczeń numerycznych wyrażeń dla ***b/ρ, X/b, Z/b:***

$\eta = \varepsilon / (1 - 95/288 \acute{\omega} k)$ (1.1.7)

gdzie $\varepsilon = \acute{\omega} [(q0)+1/2\Delta(q0)+1/12\Delta2(q0)-1/24\Delta3(q0)-19/720\Delta4(q0)-...]$

k: d2X/dF2; d2Z/dF2; d2(b/ρ)/dF2 poniżej $F = 0$

Tutaj ***q0: dX/dF, dZ/dF, d (b/ρ)/dF*** poniżej $F = 0$; ***(q0)*** - przybliżona wartość ***q0***, taka że $q0 = (q0) + \eta k$; $\Delta(q0)$ - przyrost ***(q0)***.

Z równania (1.1.7) wynika, że im mniejszy stopień integracji ώ, tym bardziej dokładne są obliczenia liczbowe.

Obliczanie liczbowe wyrażeń dla ***b/ρ, X/b, Z/b*** pozwoliło na sporządzenie tabel bezwymiarowych wielkości ***b/ρ, X/b, Z/b,*** które odpowiadają określonym wartościom β.

Przejście od bezwymiarowych wartości obliczeniowych do rzeczywistych współrzędnych odpowiadających postaci kropli płynu (pęcherzyka) w **[12]** zostało osiągnięte w następujący sposób.

Sfotografowano kroplę płynu (pęcherzyków), utrwaloną na powierzchni materiału stałego.

Dla określenia wartości β, która odpowiada tej kropli, na podstawie zdjęcia obliczono zależność ***OS / OA*** (rysunek 1).

Z tabeli I, [12] zależność ***OC/OA*** = ***X/Z*** przy $F = 90°$ wyznaczyła wartość β. Teraz, znając gęstość płynu (ρ), współczynnik napięcia powierzchniowego na granicy odcinka faz płyn-gaz (σ) oraz wartość parametru β, obliczono wartość współczynnika normalizacji ***b na podstawie*** następującego wzoru
Formuła:

$$b = \sqrt{\sigma\beta/\rho g} \qquad (1.1.8)$$

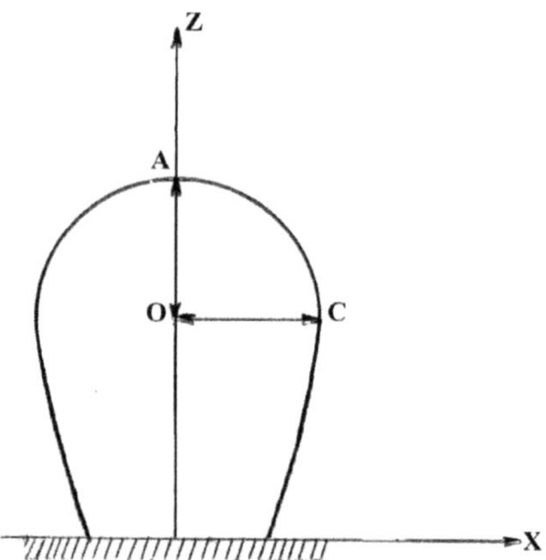

Rysunek 1

Kropla płynu (pęcherzyk gazu), umocowana na powierzchni materiału stałego.

OC - współrzędna ***X*** formy spadku o ***F = 90°***;

OA - współrzędna ***Z*** formy spadku o ***F = 90°***.

Rzeczywiste współrzędne *X*, *Z* profilu postaci kropli uzyskuje się przez pomnożenie teoretycznie obliczonych bezwymiarowych współrzędnych, które odpowiadają współrzędnym znalezionym β, na współczynniku normalizującym ***b***.

Należy zauważyć, że stosowanie obliczonych tabel współrzędnych profilu postaci pęcherzyka (kropli) do badania jego postaci, energii powierzchniowej i sił działających na niego w cieczy jest niewygodne i złożone, ponieważ tabele te mają zastosowanie do wąskiego diapazonu wartości β i wymagają w każdym konkretnym przypadku rzeczywistego istniejącego pęcherzyka dodatkowej twardej konwersji obliczonych współrzędnych.

W związku z tym postawiono zadanie analitycznego zbadania postaci pęcherzyka (kropli), umocowanej na powierzchni materiału stałego w cieczy, przy użyciu opracowanego algorytmu matematycznego i obliczeń numerycznych na komputerze, współrzędnych profilu postaci, całkowitego kwadratu powierzchni, objętości pęcherzyka i działających na niego sił.

Podejście to musiało zapewnić możliwość badania pęcherzyków gazu o szerokim obszarze wartości β, dać bardziej precyzyjne, w porównaniu z istniejącymi metodami, obliczenie współrzędnych postaci pęcherzyków i działających na nie sił, a także ułatwić przekształcenie uzyskanych bezwymiarowych wielkości w rzeczywiście istniejące wartości.

Schemat blokowy algorytmu opracowanego programu obliczania współrzędnych profilu formy, kwadratu powierzchni wspólnej, objętości pęcherzyka gazu, umocowanego na powierzchni materiału stałego, oraz działających na niego sił, opartego na metodzie Adams -Bashfortha, przedstawiono na rysunku 2.

Obliczenia zostały wykonane w następujący sposób:

1. Zostały wprowadzone dane początkowe i wartości początkowe: ***MI*** - liczba punktów profil postaci pęcherzyka; ρf - gęstość cieczy; ***g*** - przyspieszenie grawitacji;
σ12 = ***T*** współczynnik napięcia powierzchniowego na granicy przekroju pęcherzyk - ciecz - gaz; β = ***B*** - parametr fizyczny; ***b*** = ***B1*** - współczynnik normalizujący;
kąt kontaktu - θ.

2. Czy obliczono wartości ***b/ρ*** = ***R1, Z/b, X/b*** według wzorów (1.1.4) - (1.1.6) oraz

R2 według wzoru:

R2 = SinF/(X/b)   ***(1   .1.9)***

3. Wartość kąta ***F*** wahała się od ***0*** do π - ***θ*** z krokiem integracji ώ,

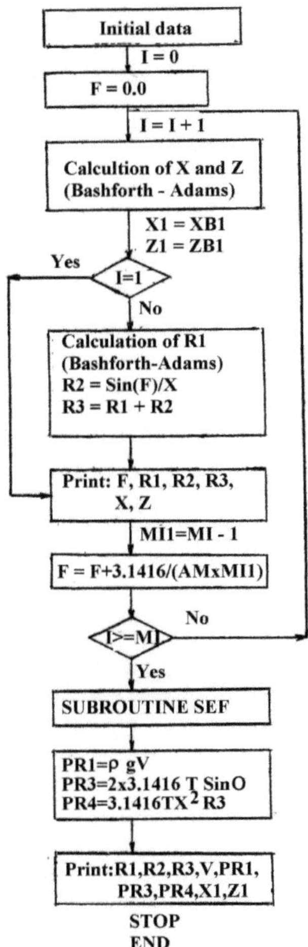

Rysunek 2

Blok - schemat numerycznego obliczenia współrzędnych profilu formy, powierzchnia boczna kwadratowa i objętość pęcherzyka oraz siły działające na nią w cieczy, przy użyciu metoda Bashfortha - Adamsa.

jest ustalona na podstawie relacji:

$\acute{\omega} = \theta / MI$ *(1.1.10)*

Uzyskane bezwymiarowe wartości współrzędnych ***X***, ***Z***, ***R1***, ***R2***, które zależą od na wartości kąta ***F***, zostały wydrukowane.

4. Współrzędne profilu postaci bańki ***X/b***, ***Z/b mnoży*** się na współczynnik normalizujący ***b*** dla uzyskania rzeczywistych współrzędnych ***X1***, ***Z1***.

5. Rzeczywiste współrzędne ***X1***, ***Z1*** zostały wprowadzone do podprogramu SUBROUTINE SEF,
gdzie zostało wyprodukowane obliczenie kwadratu kontaktowego, kwadratu powierzchni bocznej oraz
objętość pęcherzyka gazu, umocowanego na powierzchni materiału stałego, przez formuły:

$S3 = \pi a^2$, gdzie a - rzeczywista współrzędna ***X1*** w punkcie $F = \pi - \theta$.

$$S = \pi\sum_{I=1}^{MI}[X1(i+1) + X1(i)]\sqrt{[Z1(i+1) - Z1(i)]^2 + [X1(i+1) - X1(i)]^2}$$

$$V = \pi\sum_{I=1}^{MI}[X1(i+1) + X1(i)]^2[Z1(i+1) - Z1(i)] \quad (1.1.11)$$

6. Uzyskane wartości ***S*** i ***V***, a także wartości współrzędnych ***X1*** i ***Z1*** z $F = \pi - \theta$ zostały zastąpione formułami do określania Archimedesa
siła ***PR1***, siła przyczepności ***PR3***, siła ***PR4***, jest spowodowana ciśnieniem kapilarnym, że
działa na bańkę (w ***X1*** i ***Z1*** z $F = \theta$):

$$PR1 = \rho f g V$$
$$PR3 = 2\pi a \sigma 12 \, Sin\theta \quad (1.1.12)$$
$$PR4 = \pi\sigma 12 a^2 (1/R1 + 1/R2)$$

Obliczone wartości ***X1***, ***Z1***, ***S***, ***V***, ***PR1***, ***PR3 i PR4*** zostały wydrukowane.

Program numerycznego obliczenia współrzędnych profilu formy, powierzchni całkowitej kwadratu, objętości pęcherzyka i działających na niego sił został zrealizowany na FORTRANIE 77 i C.

Czas obliczenia wszystkich wartości na komputerze osobistym wynosi tylko kilka sekund.

W trakcie obliczeń uzyskano wartości współrzędnych profili form, kwadratów powierzchni całkowitej i objętości pęcherzyków w obszarze wartości β od ***-3,3*** do ***+100*** o zakresie ***0,001*** dla kątów θ od ***0***° do ***150***° z odstępem ***4***°.
Należy zauważyć, że przy stopniu integracji ώ = ***5***°, wartości wartości obliczeniowe całkowicie pokrywają się z wartościami uzyskanymi w tabelach [12].

Tabela 1, do celów porównawczych, przedstawia wartości współrzędnych profilu formy, kwadratu powierzchni i objętości pęcherzyka z β = ***-0,33*** i kąta zwilżalności stykowej θ = ***90***°, obliczone na komputerze osobistym, odpowiadające wartościom z tabeli IV, [12].

Opracowany algorytm pozwala na zwiększenie dokładności obliczania współrzędnych profilu postaci pęcherzyka w cieczy, umocowanego na powierzchni materiału stałego.

Z wyrażenia (1.1.7), otrzymanego w [12] wynika, że im mniejszy stopień zintegrowania ώ, tym bardziej precyzyjne są obliczenia liczbowe wzorów
(1.1.4) - (1.1.6).

Krok integracji, w naszym przypadku, został określony za pomocą wyrażenia (1.1.10), z którego wynika, że jak bardziej uwzględnia się liczbę punktów profilu postaci bańki ***MI***, to dokładniej oblicza się wartości ***Z, X, 1/ρ***.

W trakcie przeprowadzonych na komputerze osobistym obliczeń dla podanych wartości β = - ***0,1*** i kąta styku θ = ***60***° obliczono wartość ***X/b***, ***Z/b***, ***b/ρ***, powierzchni kwadratu ***S*** i objętości pęcherzyka ***V*** przy zmianie liczby punktów profilu z ***MI = 24*** do ***MI = 100*** z odstępem ***5*** jednostek, co zmniejsza stopień całkowania z ώ = ***5***° do ώ = ***1°20'***.

Uzyskane wyniki wykazały, że począwszy od ***MI = 30***, dokładność obliczonych wartości kwadratu powierzchni i objętości pęcherzyków praktycznie nie ulega zmianie.

Dlatego też, w celu zbadania formy, energia powierzchniowa pęcherzyka może być następnie ograniczona o ***30*** punktów profilu formy pęcherzyka.

Dlatego w przyszłości, w celu zbadania kształtu, energia powierzchniowa pęcherzyków została ograniczona do ***30*** punktów profilu kształtu pęcherzyków.

Należy zauważyć, że zastosowanie metody Adams - Bashfortha do rozwiązania równania (1.1.1) nie jest we wszystkich przypadkach optymalne, ponieważ obliczenia numeryczne współrzędnych profilu formy pęcherzyka wykonywane są na podstawie twardych wzorów (1.1.4) - (1.1.6), co nie zawsze jest wygodne.

b/ρ	R2	X/b	Z/b	F
0.999	I.000	0.I05	0.006	0.I05
0.995	0.998	0.208	0.022	0.209
0.989	0.996	0.3I0	0.049	0.3I4
0.980	0.994	0.409	0.087	0.4I9
0.969	0.990	0.505	0.I36	0.524
0.956	0.986	0.596	0.I95	0.628
0.940	0.98I	0.682	0.265	0.733
0.92I	0.976	0.762	0.344	0.838
0.900	0.970	0.834	0.434	0.942
0.876	0.964	0.898	0.535	I.050
0.849	0.958	0.953	0.64I	I.I50
0.830	0.953	0.998	0.758	I.260
0.787	0.948	I.030	0.884	I.360
0.75I	0.944	I.050	I.020	I.470
0.7I0	0.943	I.060	I.I60	I.570

$S/b^2 = 7.550$ $V/b^3 = 2.750$

Tabela 1

Wartości współrzędnych profilu formy, kwadratu powierzchni i objętości bańki z β = ***-0,3*** i $F = 90°$, obliczone na komputerze osobistym.

W związku z tym opracowano algorytm numerycznego obliczenia współrzędnych profilu formy, kwadratu powierzchni i objętości pęcherzyka za pomocą standardowej metody Kutta - Merson.

Blok - schemat algorytmu podany jest na rysunku 3. Obliczenia zostały wykonane w następujący sposób:

1. Zostały wprowadzone wartości początkowe: ***MI*** - liczba punktów profilu postaci pęcherzyka; σ12 = ***T*** - współczynnik napięcia powierzchniowego na granicy przekroju faz ciecz-gaz, ρf - gęstość cieczy; ***b*** = ***B*** - współczynnik normalizujący; ***g - przyspieszenie*** grawitacji, ***NREAK*** - liczba równań różniczkowych; ***NCOM*** - liczba niezależnych zmiennych; ***NI*** - liczba, która określa końcowy kąt całkowania i określa kąt styku θ przy pomocy wzoru θ = ***π [1 (1/NI)];***
C (1), C (2) - początkowe wartości współrzędnych ***X, Z*** profilu formy pęcherzykowej; ***C (3)*** = ***TB*** - początkowy kąt całkowania.

2. Wartości współrzędnych ***X/b***; ***Z/b*** zostały obliczone metodą Kutta - Merson w podprogramie ***SUBROUTINE KMRSNA***.

3. Kąt ***F*** zmieniony z ***TB*** na ***TE*** = ***π - θ*** z krokiem integracji ώ, który jest określona na podstawie relacji (1.1.10).

4. Uzyskane bezwymiarowe wartości współrzędnych ***X/b***, ***Z/b*** zostały pomnożone na współczynnik normalizujący ***b*** dla uzyskania rzeczywistych współrzędnych ***A4***, ***A5***.

5. Współrzędne rzeczywiste ***A4***, ***A5*** wprowadzone do podprogramu ***SUBROUTINE SEV***,
gdzie wykonano obliczenia powierzchni kwadratu i objętości bańka według wzoru (1.1.11).

6. Wszystkie obliczone wartości zostały wydrukowane.

Program numerycznego obliczania współrzędnych profilu formy, powierzchni kwadratu i objętości pęcherzyka, przy użyciu standardowej metody Kutta-Mersona, został zrealizowany na FORTRANIE 77 i C.

Czas obliczeń na komputerze osobistym wynosił kilka sekund.

Obliczenia przeprowadzone na komputerze osobistym wykazały, że wartości współrzędnych profilu formy, kwadratu całkowitej powierzchni i objętości pęcherzyka obliczone metodą Kutta - Mersona całkowicie pokrywają się z wynikami uzyskanymi metodą Bashfortha - Adamsa.

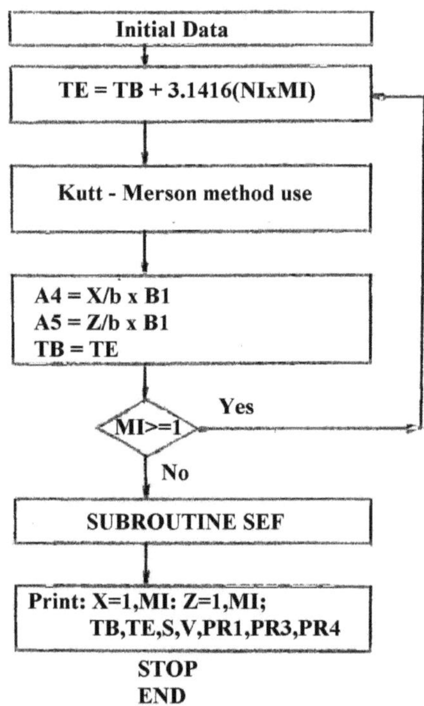

Rysunek 3
Schemat blokowy obliczania współrzędnych profilu formy, powierzchni kwadrat, objętość bańki metodą Kutta - Mersona.

Realizacja przejścia od bezwymiarowych wartości współrzędnych, obliczonych metodami Adams - Bashfortha lub Kutta - Mersona, do wartości odpowiadających profilowi postaci prawdziwego pęcherzyka, stanowi w chwili obecnej trudną operację, w związku z tym, że dla określenia wartości β, która odpowiada temu pęcherzykowi, konieczne jest zawsze zwrócenie się do Tabeli I, [12], w której wartości β wyznaczane są dla wąskiego obszaru wartości ***X***, ***Z*** z

F =90°.

Dlatego też dla zagwarantowania wystarczająco prostych i precyzyjnych obliczeń parametru β i ***b*** (współczynnik normalizujący) zbudowano odpowiedni algorytm matematyczny.

Opracowany algorytm pozwala również numerycznie obliczyć wartość współczynnika napięcia powierzchniowego na granicy odcinka fazy ciecz - gaz, jeżeli eksperymentalnie (w postaci zdjęcia) przypisana jest postać pęcherzyka (kropli), umocowanego na powierzchni ciała stałego, w cieczy.

*Obliczanie parametru β i **b** (współczynnik normalizujący) oraz wartości współczynnika napięcia powierzchniowego na granicy odcinka ciecz fazowa - gaz, jeśli eksperymentalnie (w postaci zdjęcia) przypisana jest postać pęcherzyka (kropla), umocowanego na powierzchni materiału stałego, w cieczy.*

Schemat blokowy algorytmu przedstawiony jest na rysunku 4. Składa się ona z następujących operacji:

1. Wprowadza się warunki początkowe: ρf - gęstość płynu; ***g*** - przyspieszenie siły ciężkości, ***B*** - dowolną liczbę, zbliżoną do obliczonego parametru β; ***F*** = ***1,5708*** - kąt równy ***90***°; σ12 = ***T*** - współczynnik napięcia powierzchniowego na granicy odcinka fazy płyn-gaz (dla określenia wartości β i współczynnika normalizującego ***b)***,
przy użyciu eksperymentalnie przypisanego profilu postaci pęcherzyka); ***AC*** - zależność ***X/Z*** z ***F =90***°, którą określa się eksperymentalnie na zdjęciu; ***DI*** - promień przekroju postaci pęcherzyka w punkcie ***F =90***°, który określa się eksperymentalnie (dla określenia współczynnika napięcia powierzchniowego na granicy faz przekroju ciecz-gaz przy użyciu eksperymentalnie przypisanego profilu postaci pęcherzyka); ***A4*** - dokładność regulacji wartości obliczeniowej ***A*** = ***X/Z*** do ***AC***; ***D*** - stopień przyrostu o ***B***. Wydruk

wprowadzonych danych programu na ekranie komputera przedstawiony jest na rysunku 5.

2. Obliczane są wartości współrzędnych ***X***, ***Z*** i relacji ***X/Z*** przy ***F*** = ***90***° dla losowo wybranej liczby ***B***.

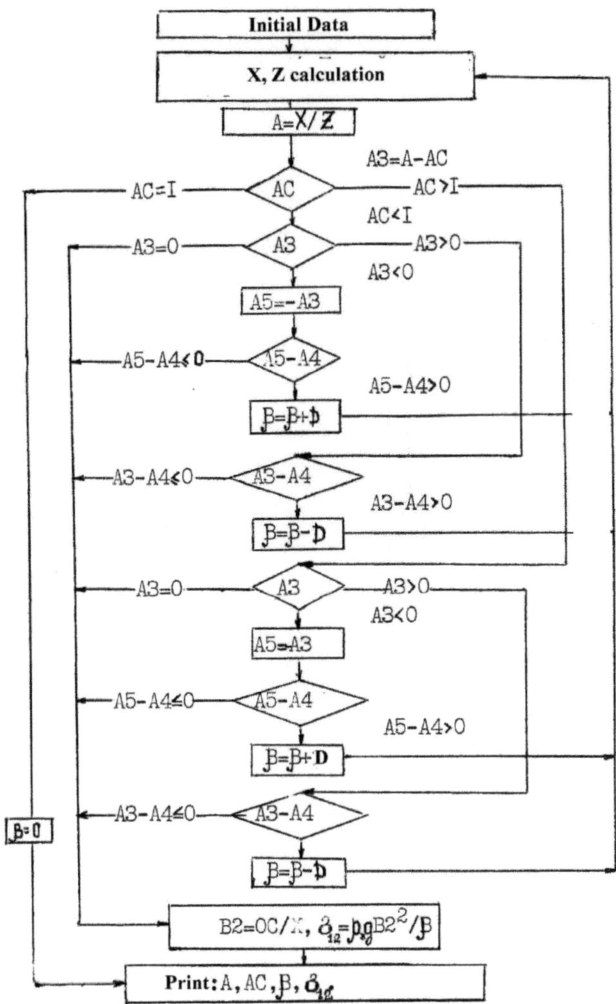

Rysunek 4
Blok - schemat numerycznego obliczenia liczby obligacji, współczynnik napięcia powierzchniowego pęcherzyka gazu (σ12) z eksperymentalnie przypisanego profilu jego Formularz.

```
G0 - earth acceleraty; P0 - liquid density;T0 - any surface tension
B0 - any multiplicate number.
AP=AC/OA - X and Z relation at agle point F=90 (from picture)
DI- X coordinate -AC (from picture).
ZN - Bond Number sign.
If ZN=1 Bond Number > 0,if ZN < 0, Bond Number < 0.

Enter parameters G0(980),P0(1),T0(190)...980,1,190,
Enter parameters AP(1.65),DI(0.58),B0(1),ZN(1)...1.65,0.58,1,1
X(90) =  0.699079,Y(90)=  0.522344
Calculated AP = 1.33835 Picture's AP =  1.6500
If these parameters are corrected press -1, if no,press -0...
```

Rysunek 5

Wydruk wprowadzenia danych programu na ekranie komputera.

AC = *AP* = *AC/OA*, co określa zdjęcie (rysunek 1)

3. Dokonuje się porównania, a następnie dostosowania wartości obliczonej zależności ***X/Z*** do wartości ***AC*** o wzrost pierwotnie podanej liczby ***B***.

Ta operacja przewiduje trzy przypadki:

Sprawa 1. ***AC = 1***, co odpowiada ***B = 0***.

W tym przypadku zostaną wydrukowane wartości ***AC = 1, B = 0***.

Sprawa 2. ***AC > 1,*** co odpowiada B > ***0.***

W tym przypadku przeprowadza się następujące działania:

a.) jeżeli obliczona zależność ***A = X/Z*** jest większa niż wartość porównywana ***AC***, a następnie z przypisaną dokładnością ***A4*** jest wykonywana regulacja ***A*** do ***AC*** poprzez zmniejszenie podanej wartości ***B*** z krokiem ***D*** do ***A*** i ***AC*** pokrywają się z dokładnością do ***A4***. Po tym, wartość ***B***, gdy ***A*** = ***AC*** zastępuje się wzorem na określenie czynnika normalizującego ***B1:***

$$B1 = \sqrt{\frac{\text{BT}}{\text{ρжg}}} \quad (1.1.13)$$

oraz wzór na określenie współczynnika napięcia powierzchniowego na granica odcinka faz gaz płynny:

$$T2 = (1/B)\, \rho fg\, (DI/X)^{2}, \; npu\; F = 90^{\circ} \qquad (\;1 \qquad .1\;.14)$$

b.) jeżeli ***A = X/Z*** jest mniejsze od wartości ***AC***, wówczas z dokładnością do ***A4*** dokonuje się dostosowania ***A*** do ***AC,*** zwiększając daną wartość ***B o*** krok ***D***, aż ***A*** i ***AC pokryją*** się z dokładnością do ***A4***. Dalsze operacje są analogiczne do działań wymienionych w lit. a).

Sprawa 3. ***AC < 1,*** to odpowiada B<0.

W tym przypadku przeprowadzane są następujące działania:

a) jeżeli ***A = X/Z*** jest większe od wartości ***AC***, to z dokładnością do ***A4*** wynosi
wytworzona korekta ***A*** do ***AC*** poprzez zmniejszenie danej wartości ***B o*** krok ***D***, dopóki ***A*** i ***AC nie pokrywają się*** z dokładnością do ***A4***. Pozostała część

operacje są analogiczne do działań w sprawie 2.

b) jeżeli ***A* = *X/Z*** jest mniejsze od wartości ***AC***, wówczas dalsze operacje są następujące

wykonywane analogicznie do działań z przypadku 2 lit. b).

Porównanie, a następnie korekta wartości obliczonego wskaźnika ***Obliczyć AP = A = X/Z*** do wartości ***Obraz AP*** = AC ***(AC/OA)*** o wzrost początkowo podanej liczby B są na wydruku programu na ekranie komputera (Rysunek 6).

Na rysunku 7 przedstawiono wydruk wyników pracy programu na ekranie komputera: zależność ***Rysunek AP*** = AC ***(AC/OA)*** na rysunku 1 (na zdjęciu) oraz obliczona zależność ***Oblicz AP = A = X/Z***, obliczone wartości współczynnika normalizacji ***B0 (b)***, liczba wiązań B ***(β)*** oraz współczynnik napięcia powierzchniowego ***T2 (σ12)*** pęcherzyka gazowego na granicy odcinka faz ciecz - gaz.

Program został zrealizowany na platformie FORTRAN 77 i C. Czas obliczeń programu na komputerze osobistym wynosi kilka sekund.

Opracowany algorytm obliczeń numerycznych na komputerze osobistym pozwala więc szybko i dokładnie obliczyć współrzędne profili form, kwadratów powierzchni całkowitej, objętości pęcherzyków o szerokim polu powierzchni wartości β i sił działających na nie w płynie, jeśli ich forma jest eksperymentalnie przypisana (w postaci zdjęcia).

Uzyskane wyniki zostaną następnie wykorzystane do badania zachowania się pęcherzyków gazu, umocowanych na powierzchni materiału stałego w cieczy, przy zmianie napięcia powierzchniowego na granicy odcinka fazy cieczy - gazu i kąta kontaktu, a także przy zmianie przyspieszenia grawitacji.

```
Calc.AP = 1.5789, Picture AP = 1.6500, Bond Number = 11.9486
Calc.AP = 1.5792, Picture AP = 1.6500, Bond Number = 11.9643
Calc.AP = 1.5795, Picture AP = 1.6500, Bond Number = 11.9800
Calc.AP = 1.5742, Picture AP = 1.6500, Bond Number = 11.9957
Calc.AP = 1.5801, Picture AP = 1.6500, Bond Number = 12.0115
Calc.AP = 1.5804, Picture AP = 1.6500, Bond Number = 12.0272
Calc.AP = 1.5751, Picture AP = 1.6500, Bond Number = 12.0430
Calc.AP = 1.5811, Picture AP = 1.6500, Bond Number = 12.0587
Calc.AP = 1.5757, Picture AP = 1.6500, Bond Number = 12.0745
Calc.AP = 1.5761, Picture AP = 1.6500, Bond Number = 12.0903
Calc.AP = 1.5820, Picture AP = 1.6500, Bond Number = 12.1061
Calc.AP = 1.5767, Picture AP = 1.6500, Bond Number = 12.1219
Calc.AP = 1.5826, Picture AP = 1.6500, Bond Number = 12.1377
Calc.AP = 1.5829, Picture AP = 1.6500, Bond Number = 12.1536
Calc.AP = 1.5833, Picture AP = 1.6500, Bond Number = 12.1694
Calc.AP = 1.5779, Picture AP = 1.6500, Bond Number = 12.1852
Calc.AP = 1.5782, Picture AP = 1.6500, Bond Number = 12.2011
Calc.AP = 1.5785, Picture AP = 1.6500, Bond Number = 12.2170
Calc.AP = 1.5789, Picture AP = 1.6500, Bond Number = 12.2329
Calc.AP = 1.5792, Picture AP = 1.6500, Bond Number = 12.2488
Calc.AP = 1.5851, Picture AP = 1.6500, Bond Number = 12.2647
Calc.AP = 1.5798, Picture AP = 1.6500, Bond Number = 12.2806
Calc.AP = 1.5801, Picture AP = 1.6500, Bond Number = 12.2965
```

Rysunek 6

Wydruk porównania, a następnie korekta wartości obliczonego współczynnika ***Obliczenie.*** ***AP =A = X/Z*** do wartości ***Rysunek AP = AC (AC/OA)*** (na rysunku 1) = ***1,6500*** z dokładnością do ***1,6500 A4 = 0,01*** przez zwiększenie początkowo podanej liczby B ***(β)*** na ekranie komputera.

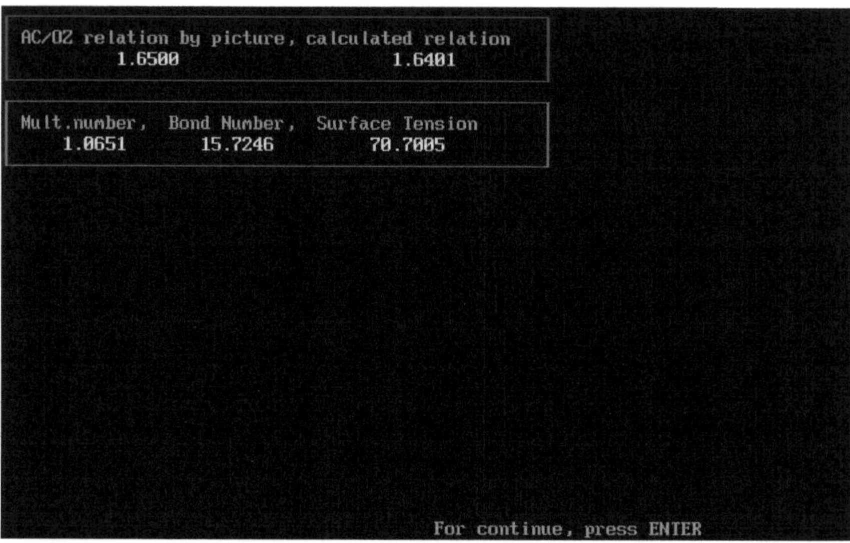

Rysunek 7

Wydruk wyników pracy programu na ekranie komputera:

a) zależność AC = ***AP*** = ***(AC/OA)*** na zdjęciu (rys. 1) i obliczona relacja ***A***=***X/Z*** przy ***F*** = ***90°;***

b) obliczoną wartość współczynnika normalizacji ***B0 (b)***;

c) obliczona wartość liczby Bond B ***(β)***;

d) obliczoną wartość współczynnika napięcia powierzchniowego ***T2 (σ12)*** gazu pęcherzyk na granicy odcinka fazy ciecz - gaz.

1.2 Komputerowe modelowanie zachowania się bańki gazowej, stałe na powierzchni materiału stałego, pod zmianą napięcie powierzchniowe na granicy odcinka fazy gaz płynny i kąt kontaktu

Wiadomo, że wstrzykiwanie olejów do masy pływakowej intensyfikuje proces separacji pływakowej cząstek różnych minerałów z powodu wzmocnienia kontaktu pomiędzy pęcherzykiem a przywierającymi do niego cząstkami.

Jednak mechanizm wzmocnienia kontaktu pomiędzy pęcherzykiem a przylegającymi do niego cząstkami nie jest obecnie do końca jasny.

Przeprowadzone wcześniej badania eksperymentalne wykazały, że pod wpływem działania niepolarnych odczynników na kompleks pęcherzyk - substancja stała następuje zmniejszenie napięcia powierzchniowego na granicy odcinka fazy ciecz - gaz, co z kolei prowadzi do spłaszczenia się pęcherzyka: do zwiększenia obwodu jego styku, ponadto równowaga, w przypadku powierzchni hydrofobowej, jest ustalana pod kątem zwilżalności przy kontakcie zwilżalnym i pojawia się dodatkowe wzmocnienie kontaktu.

Uzyskane wyniki nie pozwoliły na wyjaśnienie wzmocnienia kontaktu pomiędzy pęcherzykiem a przyklejonymi do niego cząstkami.

W związku z tym, dla zbadania mechanizmu działania niepolarnych odczynników na złożony pęcherzyk - materiał stały w cieczy postawiono zadanie skonstruowania fizycznego modelu komputerowego zachowania się pęcherzyka gazu, umocowanego na powierzchni materiału stałego, pod wpływem zmiany napięcia powierzchniowego na granicy odcinka faz ciecz - gaz oraz kąta zwilżalności kontaktowej, a także opracowania algorytmu obliczeń numerycznych tego modelu na komputerze.

Sformułowanie modelu.

1. Zachowanie się pęcherzyka gazowego (kropla cieczy), umocowanego na powierzchni ciała stałego
materiał w płynie, rozpatrywany w warunkach izotermicznych, izobarycznych.

2. Płyn uważa się za nieściśliwy, tzn. $d\rho f/dt = 0$, a zatem według zgodnie z prawem zachowania masy, objętość pęcherzyka gazu jest stała.

3. Zachowanie pęcherzyków gazu, na które wpływa tylko działanie sił grawitacji i napięcia powierzchniowego, jest brany pod uwagę, siły zewnętrzne są nieobecne.

4. Zmiana napięcia powierzchniowego na granicy odcinka cieczy fazowej -

gaz prowadzi jednocześnie do zmiany formy pęcherzyka gazowego, umocowanego na powierzchni materiału stałego, oraz jego kąta zwilżalności stykowej.

W niniejszym modelu wpływ zmiany napięcia powierzchniowego na granicy odcinka fazy ciecz - gaz na postać pęcherzyka gazowego jest rozważany w następujący sposób.

Przy zmianie napięcia powierzchniowego na granicy odcinka faz cieczy - gazu następuje zmiana parametru β = $\rho f\ gb^2/\sigma 12$, którego zmieniona wartość określa jedną ze współrzędnych (***X*** lub ***Z***) profilu postaci pęcherzyka gazu, która odpowiada nowej wartości napięcia powierzchniowego.

Ponadto, zgodnie z prawem zachowania masy, oblicza się inną współrzędną profilu postaci pęcherzyka gazowego, że wartości objętości pęcherzyka gazowego, które odpowiadają poprzedniej wartości napięcia powierzchniowego na granicy odcinka cieczy fazowej - gazu i nowego, będą się pokrywać.

Wpływ zmiany napięcia powierzchniowego na granicy przekroju faz ciecz - gaz na wartość kąta zetknięcia się pęcherzyka gazu, w chwili obecnej w modelu, określa się zgodnie z procedurą obliczania kąta zetknięcia, zaproponowaną w [17], za pomocą wzoru:

$$Sin\theta = \rho f\, gV / 2\pi a\sigma 12 + \pi/2a\ [1/R1 + 1/R2] \qquad (1\ .2.1)$$

Proponowany model pozwalał na badanie praw zachowania się formy, całkowitego kwadratu powierzchni pęcherzyka gazu w cieczy oraz sił, które utrzymują go na powierzchni materiału stałego ze zmianą napięcia powierzchniowego na granicy odcinka faz ciecz-gaz oraz kąta zwilżania kontaktowego.

Blok - schemat numerycznego obliczenia modelu zachowania się pęcherzyka gazu, zamocowanego na powierzchni materiału stałego ze zmianą napięcia powierzchniowego na granicy odcinka fazy ciecz - gaz oraz kąta kontaktu przedstawiony jest na rysunku 8.

Składa się ona z następujących podstawowych operacji:

1. Wprowadzane są warunki początkowe: ***MI*** - liczba punktów, ρf = gęstość P cieczy, ***g =980 cm/sec²*** - przyspieszenie grawitacji, ***b = B1*** - współczynnik normalizujący, ***σ12 = T*** - współczynnik napięcia powierzchniowego na granicy przekroju faza ciekły-gaz, ***PR7*** - wartość, którą określa wzór (1.2.1) kontakt

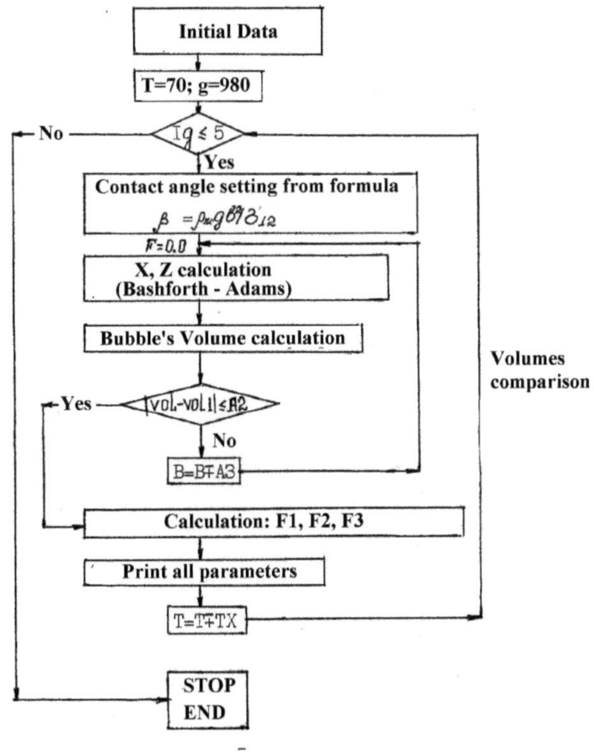

Rysunek 8
Blok - schemat numerycznego obliczenia modelu zachowania się gazu bańka, umocowana na powierzchni materiału stałego, ze zmianą napięcia powierzchniowego na granica odcinka cieczy fazowej - gazu i kąta kontaktu.

kąt zwilżalności, β = ***B*** parametr fizyczny, ***TX*** - stopień przyrostu $\sigma 12$,
A2- dokładność regulacji objętości, A3- stopień przyrostu β.

Na ekranie komputera prezentowany jest wydruk danych wprowadzonych przez program.
na rysunku 9.

2. Obliczenie współrzędnych profilu formy bańki, jej suma
powierzchnia kwadratowa, objętość i siły, które utrzymują ją na powierzchni materiału stałego,
ze zmianą współczynnika napięcia powierzchniowego na granicy przekroju
z fazy cieczy - gazu i kąta kontaktu, jest wytwarzany.

To wyliczenie ma dwa przypadki:

Sprawa 1. Zmniejszenie współczynnika napięcia powierzchniowego $\sigma 12$ o stopień
TX oraz zwiększenie kąta styku θ za pomocą wzoru (1.2.1).

1. Współrzędne ***b/p***; ***X/b***; ***Z/b*** profilu bańki gazowej formy,
które odpowiadają podanym wartościom $\sigma 12$ i θ, są obliczane przez
Bashforth - formuła Adams lub metodą Kutta - Merson.

2. Obliczone współrzędne przez pomnożenie na współczynnik normalizujący
b wynoszą
zamienione na prawdziwe współrzędne. Następnie, w oparciu o wzory (1.1.11),
wartości powierzchni bocznej kwadratu bańki, jej objętości oraz przez
wzory (1.1.12) wartość siły przyczepności ***F1***, siły Archimedesa ***F2***
i siła, spowodowana krzywizną powierzchni ***F3***, są obliczane. Wszystkie otrzymane
Wartości są drukowane.

Wydruk wyników pracy programu na komputerze
ekran dla przypadku pęcherzyka z β=-0,***069***, według objętości
VOL= 0,00140cm3, ***g = 980cm/sec2*** i $\sigma 12$ = ***70Dyne/cm*** wynosi
Przedstawione na rysunku 10.

3. Po tym, operacja zmniejszania $\sigma 12$ jest wytwarzana przez krok TX,
co prowadzi jednocześnie do zwiększenia kąta styku,
zgodnie z równaniem (1.2.1), oraz do zwiększenia parametru

$\beta = \rho f g b^2/\sigma 12$, którego zmieniona wartość jest zastępowana przez wzory na określenie współrzędnych ***X/b*** i ***Z/b***.

4. Przy przydzielonej dokładności, na przykład ***A2 = 0,001***, regulacja wolumeny ***VOL*** i ***VOL1***, te odpowiadają podanym wartościom σ12, kąt styku θ oraz do zmienionych wartości σ12 - ***TX***, θ + ***Δθ***, o

```
| BY BASHFORT-ADAMS FORMULA OR BY COHESIVE ANGLE = PR7/T FORMULA. |
|                                                                 |
| FG-COHESIVE ANGLE BY G0 AND T0.                                 |
|                                                                 |
| MI-TOTAL CALCULATED GAS BUBBLE PROFILE POINTS NUMBER.           |
|                                                                 |
| B0-SCALE COEFF.,WHICH IS DETERMINED BY GAS BUBBLE PROFILE.      |
|                                                                 |
| ZN -DETERMINES BOND NUMBER SIGN.                                |
| IFZN>0,BOND NUMBER > 0,IF ZN < 0,BOND NUNBER < 0.               |
|                                                                 |
| WCASE=1,COHES.ANGLE=ARCSIN(PR7/T); WCASE=2,COHES.ANGLE=PR7/T,   |
| T-SURFACE TENSION. IF COHESIVE ANGLE > 3.1416/2, ENTER -1       |
-------------------------------------------------------------------
ENTER PARAMETRS G0(980),GX(210,200,196,...),N(5): 980,196,5
ENTER PARAMETRS T0(70),TX(5,3),N(3): 70,1,3
ENTER PARAMETRS P(1),PR7(20),FG(1): 1,20,1
ENTER PARAMETRS MI(30,10),B0(19,0.07),ZN(1,-1): 30,0.07,-1
ENTER NPARAMETRS WCASE(2),>3.1416/2(1): 2,1
COHESIVE ANGLE HISTERESYS = -0.857
BOND NUMBER               =     0.069
COHESIVE ANGLE            =  1.857
GAS BUBBLE VOLUME         =    0.001
PARAMETRS ARE CORRECT.YES -1,NO -0
```

Rysunek. 9
Wydruk danych wprowadzonych przez program na ekranie komputera.

GRAVITY	SURFACE TENSION	GAS BUBBLE VOLUME
980	70	0.0014

F	X	Z	P	X/SIN(F)
+0.04431	+0.00460	+0.00015	+0.07001	+0.10387
+0.08863	+0.01072	+0.00083	+0.07004	+0.12111
+0.13294	+0.01676	+0.00204	+0.07011	+0.12644
+0.17725	+0.02268	+0.00377	+0.07020	+0.12860
+0.22157	+0.02843	+0.00603	+0.07031	+0.12935
+0.26588	+0.03397	+0.00878	+0.07046	+0.12927
+0.31019	+0.03925	+0.01202	+0.07063	+0.12860
+0.35451	+0.04425	+0.01572	+0.07083	+0.12748
+0.39882	+0.04892	+0.01986	+0.07106	+0.12597
+0.44313	+0.05322	+0.02440	+0.07131	+0.12411
+0.48745	+0.05711	+0.02933	+0.07159	+0.12194
+0.53176	+0.06058	+0.03460	+0.07189	+0.11947
+0.57607	+0.06358	+0.04017	+0.07223	+0.11672
+0.62039	+0.06609	+0.04602	+0.07258	+0.11369
+0.66470	+0.06809	+0.05210	+0.07297	+0.11039
+0.70901	+0.06956	+0.05836	+0.07339	+0.10684
+0.75333	+0.07048	+0.06477	+0.07384	+0.10302
+0.79764	+0.07083	+0.07127	+0.07432	+0.09896
+0.84195	+0.07060	+0.07782	+0.07484	+0.09465
+0.88627	+0.06980	+0.08438	+0.07541	+0.09010
+0.93058	+0.06842	+0.09089	+0.07604	+0.08531
+0.97489	+0.06645	+0.09731	+0.07675	+0.08028
+1.01921	+0.06390	+0.10359	+0.07757	+0.07502
+1.06352	+0.06077	+0.10969	+0.07853	+0.06952
+1.10783	+0.05706	+0.11558	+0.07972	+0.06378
+1.15215	+0.05279	+0.12121	+0.08127	+0.05778
+1.19646	+0.04792	+0.12657	+0.08345	+0.05149
+1.24077	+0.04243	+0.13163	+0.08683	+0.04485
+1.28509	+0.03785	+0.13525	+0.09100	+0.03945
+1.32940	+0.03274	+0.13877	+0.09857	+0.03372

AT FINISHED BUBBLE PROFLE POINT: F X, Z

+1.32940 +0.03274 +0.13877

SIDE SURFACE		CONTACT SQUARE
+0.07544		+0.00337
GAS BUBBLE VOLUME		CALCULATED GAS BUBBLE VOLUME
+0.00140		+0.00140
ARHIMED FORCE	SURFACE TENSION FORCE	LAPLASS FORCE
+1.376	+13.982	+0.458
RESULTED FORCE		
+12.148		

Rysunek 10

Wydruk wyników pracy programu na ekranie komputera w przypadku bańki z ***β=-0,069***, o objętości ***0,00140cm3***, ***g = 980cm/sec2*** i σ12 ***=70Dyne/cm***.

zwiększenie wartości β i odpowiednio współrzędnej ***Z/b krok po*** kroku, dla przykład, ***A3 = 0,001*** jest produkowany aż do osiągnięcia wartości objętości ***VOL*** i ***VOL1 zbiegają się w czasie***. Współrzędna ***X/b*** nie zmienia się i odpowiada zmienionym wartościom β i θ.

5. Wartości współrzędnych profilu formy bańki, która odpowiadają nowym wartościom β i θ, a objętość ***VOL = VOL1*** wynosi pomnożony na współczynnik normalizujący ***b w*** celu uzyskania wartości rzeczywistych.

6. Wartości kwadratu powierzchni pęcherzyka i siły, które utrzymują go na oblicza się powierzchnię materiału stałego.

7. Uzyskane wartości są drukowane. Opisane operacje są powtarzane Wielokrotnie.

Wydruk wyników pracy programu na ekranie komputera dla przypadku pęcherzyka z β=-0,***069***, o objętości ***VOL= 0,00140cm3***, ***g = 980cm/sec2*** i σ12 = ***69Dyne/cm*** wynosi Przedstawione na rysunku 11.

Sprawa 2. Wzrost współczynnika napięcia powierzchniowego σ12 o stopień ***TX*** oraz zmniejszenie kąta styku θ według wzoru (1.2.1).

Sprawa 2 jest prowadzona analogicznie do sprawy 1, tylko w tym przypadku jest ona prowadzona wzrost o σ12 współczynnika napięcia powierzchniowego na granicy przekrój gazu płynnego w fazie i zmniejszenie kąta kontaktu θ.

Wydruk wyników pracy programu na ekranie komputera dla przypadku pęcherzyka o wielkości β=-0,***069***, o objętości ***VOL= 0,00140cm3***, ***g = 980cm/sec2*** i σ12 = ***71Dyne/cm*** przedstawiono na rysunku 12.

Program został zrealizowany na FORTRANIE 77 i C. Czas obliczeń programu na komputerze osobistym nie przekracza ***1*** minuty.

Przeprowadzone obliczenia numeryczne modelu na komputerze wykazały, że dla pęcherzyków o parametrze β > ***0,*** prawa rządzące zachowaniem się ich postaci przy zmianie napięcia powierzchniowego σ12 i kąta zwarcia θ polegają na tym, że przy wzroście napięcia powierzchniowego σ12 następuje zmniejszenie kąta zwarcia θ, zwiększenie wysokości pęcherzyka i zmniejszenie obwodu jego mocowania na powierzchni materiału stałego. Pęcherzyk gazu "montowany" jest na powierzchni materiału stałego.

SURFACE TENSION: 69

F	X	Z	P	X/SIN(F)
+0.04417	+0.00459	+0.00015	+0.07001	+0.10387
+0.08834	+0.01069	+0.00082	+0.07004	+0.12111
+0.13251	+0.01671	+0.00202	+0.07011	+0.12645
+0.17668	+0.02261	+0.00375	+0.07020	+0.12861
+0.22085	+0.02834	+0.00599	+0.07032	+0.12937
+0.26502	+0.03387	+0.00873	+0.07046	+0.12929
+0.30919	+0.03914	+0.01195	+0.07064	+0.12864
+0.35336	+0.04413	+0.01562	+0.07084	+0.12753
+0.39753	+0.04879	+0.01974	+0.07106	+0.12603
+0.44171	+0.05309	+0.02426	+0.07132	+0.12420
+0.48588	+0.05699	+0.02915	+0.07160	+0.12204
+0.53005	+0.06046	+0.03440	+0.07191	+0.11959
+0.57422	+0.06348	+0.03995	+0.07224	+0.11686
+0.61839	+0.06600	+0.04577	+0.07261	+0.11385
+0.66256	+0.06802	+0.05182	+0.07300	+0.11058
+0.70673	+0.06951	+0.05806	+0.07342	+0.10705
+0.75090	+0.07045	+0.06444	+0.07387	+0.10326
+0.79507	+0.07083	+0.07093	+0.07436	+0.09922
+0.83924	+0.07065	+0.07746	+0.07489	+0.09494
+0.88341	+0.06988	+0.08400	+0.07546	+0.09041
+0.92758	+0.06854	+0.09051	+0.07610	+0.08565
+0.97175	+0.06661	+0.09692	+0.07681	+0.08066
+1.01592	+0.06411	+0.10320	+0.07763	+0.07542
+1.06009	+0.06102	+0.10932	+0.07860	+0.06995
+1.10426	+0.05737	+0.11521	+0.07979	+0.06424
+1.14843	+0.05314	+0.12086	+0.08133	+0.05826
+1.19260	+0.04833	+0.12624	+0.08348	+0.05201
+1.23677	+0.04290	+0.13133	+0.08680	+0.04541
+1.28094	+0.03837	+0.13497	+0.09085	+0.04004
+1.32512	+0.03331	+0.13851	+0.09807	+0.03435

AT FINISHED BUBBLE PROFLE POINT: F X, Z
+1.32512 +0.03331 +0.13851

SIDE SURFACE +0.07559
CONTACT SQUARE +0.00349
GAS BUBBLE VOLUME +0.00140
CALCULATED GAS BUBBLE VOLUME +0.00140
ARHIMED FORCE +1.376
SURFACE TENSION FORCE +14.009
LAPLASS FORCE +0.473
RESULTED FORCE +12.160

Rysunek 11

Wydruk wyników pracy programu na ekranie komputera w przypadku bąbelka z β=-0,***069***, o objętości ***0,00140cm3***, ***g = 980cm/sec2*** i σ12 = ***69Dyne/cm***.

GRAVITY	SURFACE TENSION	GAS BUBBLE VOLUME
980	71	0.0014

F	X	Z	P	X/SIN(F)
+0.04445	+0.00462	+0.00015	+0.07001	+0.10387
+0.08890	+0.01075	+0.00083	+0.07004	+0.12111
+0.13336	+0.01681	+0.00205	+0.07010	+0.12643
+0.17781	+0.02274	+0.00380	+0.07019	+0.12859
+0.22226	+0.02851	+0.00606	+0.07031	+0.12933
+0.26671	+0.03406	+0.00884	+0.07045	+0.12924
+0.31116	+0.03936	+0.01209	+0.07063	+0.12856
+0.35562	+0.04437	+0.01581	+0.07082	+0.12743
+0.40007	+0.04904	+0.01997	+0.07105	+0.12590
+0.44452	+0.05334	+0.02454	+0.07130	+0.12403
+0.48897	+0.05723	+0.02949	+0.07157	+0.12185
+0.53342	+0.06069	+0.03479	+0.07188	+0.11936
+0.57788	+0.06368	+0.04039	+0.07221	+0.11658
+0.62233	+0.06618	+0.04627	+0.07256	+0.11353
+0.66678	+0.06816	+0.05237	+0.07295	+0.11021
+0.71123	+0.06961	+0.05865	+0.07336	+0.10663
+0.75569	+0.07050	+0.06508	+0.07380	+0.10280
+0.80014	+0.07082	+0.07160	+0.07428	+0.09871
+0.84459	+0.07056	+0.07817	+0.07480	+0.09437
+0.88904	+0.06972	+0.08474	+0.07536	+0.08979
+0.93349	+0.06830	+0.09126	+0.07599	+0.08498
+0.97795	+0.06628	+0.09768	+0.07669	+0.07992
+1.02240	+0.06369	+0.10396	+0.07750	+0.07463
+1.06685	+0.06051	+0.11006	+0.07846	+0.06911
+1.11130	+0.05676	+0.11593	+0.07966	+0.06333
+1.15575	+0.05244	+0.12155	+0.08121	+0.05730
+1.20021	+0.04752	+0.12688	+0.08341	+0.05098
+1.24466	+0.04198	+0.13192	+0.08685	+0.04431
+1.28911	+0.03735	+0.13552	+0.09115	+0.03888
+1.33356	+0.03218	+0.13902	+0.09908	+0.03310

AT FINISHED BUBBLE PROFLE POINT: F X, Z
+1.33356 +0.03218 +0.13902

SIDE SURFACE		CONTACT SQUARE
+0.07529		+0.00325
GAS BUBBLE VOLUME		CALCULATED GAS BUBBLE VOLUME
+0.00140		+0.00141
ARHIMED FORCE	SURFACE TENSION FORCE	LAPLASS FORCE
+1.376	+13.953	+0.443
RESULTED FORCE		
+12.133		

Rysunek 12

Wydruk wyników pracy programu na ekranie komputera w przypadku bańki z ***β=-0,069***, objętość ***0,00140cm3***, ***g = 980cm/sec2*** i σ12 = ***71Dyne/cm***

Rysunek 13 (a, b, c) przedstawia profile form pęcherzyków gazu o parametrze β < ***0,*** uzyskane przez nie przy zmianie napięcia powierzchniowego na granicy odcinka fazy ciecz - gaz, zbudowane graficznie przez program zgodnie z wydrukami, przedstawionymi na rysunkach 10, 11, 12.

Z rysunku 13 widać, że wraz ze spadkiem napięcia powierzchniowego $\sigma 12$ z ***70Dyne/cm*** do ***69 Dyne/cm***, pęcherzyk "spłaszcza" się na powierzchni materiału stałego: ***X= 0,03274 u Z=0,13877*** są zmienione na ***X= 0,03331 u Z=0,13851*** na obwodzie zamocowania pęcherzyka na powierzchni materiału stałego, a kąt kontaktu wzrasta z θ = ***1,8122 radiana*** do θ = ***1,8165 radiana***.

Przy wzroście $\sigma 12$ pęcherzyk "jest montowany" na powierzchni materiału stałego: ***X= 0,03274*** i Z=0***,13877*** są zmienione na ***X= 0,03218 u Z=0,13902*** a kąt styku zmniejsza się z θ = ***1,8122 radiana*** na θ = ***1,8076 radiana***.

Należy zauważyć, że przez przeważający czynnik, który decyduje o zachowaniu się postaci pęcherzyka gazu ze zmianą napięcia powierzchniowego $\sigma 12$, pojawia się zmiana kąta styku θ (histereza).

Ponadto, jak pokazały obliczenia profili postaci pęcherzyków gazu ze zmianą napięcia powierzchniowego $\sigma 12$ dla niezmiennego kąta kontaktu, zmiana postaci pęcherzyka jest odwrotna, niż w przypadku, który uwzględnia zmianę θ (histereza).

W wyniku przeprowadzonej komputerowej analizy numerycznej uzyskanych profili form pęcherzyków gazowych (β < ***0)*** ustalono, że wraz ze wzrostem napięcia powierzchniowego na granicy odcinka fazy ciecz - gaz zmniejsza się kwadrat mocowania pęcherzyka gazowego na powierzchni ciała stałego, a zwiększa się kwadrat jego powierzchni bocznej. Zmniejszają się promienie głównych normalnych odcinków jego formy na obwodzie mocowania.

Wraz ze spadkiem napięcia powierzchniowego na granicy odcinka cieczy fazowej - gazu zwiększa się kwadrat mocowania pęcherzyka gazu, a zmniejsza kwadrat jego powierzchni bocznej. Zwiększają się promienie głównych normalnych odcinków jego formy na obwodzie mocowania.

Obliczenie siły wynikowej, która zatrzymuje pęcherzyk gazu na powierzchni materiału stałego dla przypadku β < ***0,*** wykonano zgodnie z (10) wzorem:

$\Delta F = F1+F2+F3 = 2\pi a\sigma 12 \, Sin\theta - \rho f gV - \pi\sigma 12a^2 \, (1/R1 + 1/R2)$ ***(1.2.2)***

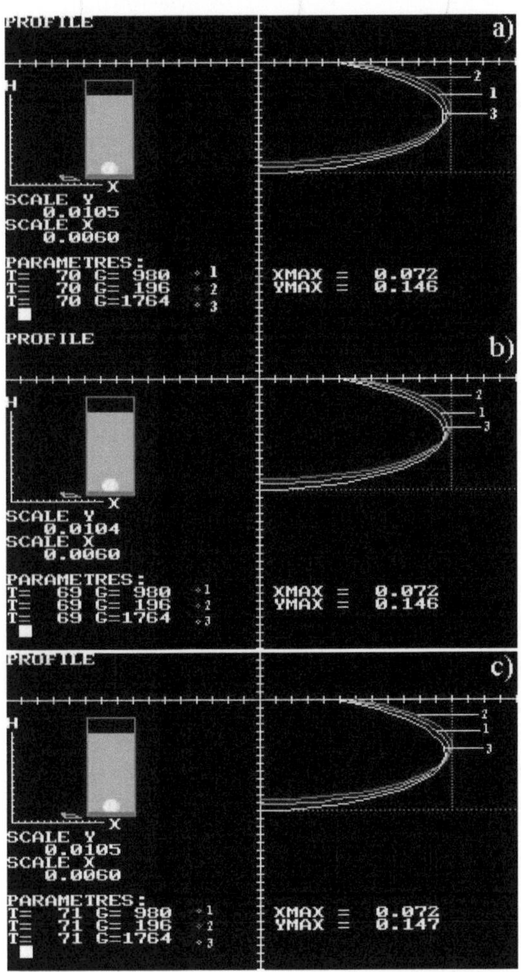

Rysunek 13

Profile postaci pęcherzyków gazu na bazie β=-0,***069*** i o objętości ***0,00140 cm3***, pozyskane przez nie przy zmianie napięcia powierzchniowego na granicy odcinka fazy ciecz - gaz.

a) 1- ***g=980cm/sec2***, ***T=70Dyne/cm***, ***X= 0,03274 u Z=0,13877***, kąt styku θ = ***1,8122radian***;

b) 1- *g=980cm/sec2*, *T=69Dyne/cm*, *X= 0,03331 u Z=0,13851*, kąt styku θ = ***1,8165radian***;
c) 1- *g=980cm/sec2*, *T=71Dyne/cm*, *X= 0,03218 u Z=0,13902*, kąt kontaktu θ = ***1,8076radian***.

W rezultacie ustalono, że wraz ze wzrostem napięcia powierzchniowego σ12 zmniejsza się wynikowa siła ΔF i odpowiednio pogarsza się wytrzymałość styku mocowania pęcherzyków gazu na powierzchni materiału stałego. Wraz ze spadkiem σ12, ΔF wzrasta, a siła kontaktu zostaje wzmocniona.

Jak wynika z wydruków programu, przedstawionych na rysunkach 10, 11, 12, przy wzroście napięcia powierzchniowego σ12 z ***70Dyne/cm*** do ***71Dyne/cm***, wynikowa siła ΔF zmniejsza się z ***12,148*** do ***12,133 barwnika***, a siła kontaktu pęcherzyka z β=-0,***069*** o objętość ***0,00140cm3*** ulega pogorszeniu.

Przy spadku napięcia powierzchniowego σ12 z ***70Dyne/cm*** do ***69Dyne/cm***, wynikowa siła ΔF wzrasta z ***12,148Dyne*** do ***12,160 Dyne***, a siła kontaktu pęcherzyka z β=-0,***069*** o objętość ***0,00140cm3*** zostaje wzmocniona.

Uzyskane wyniki obliczeń numerycznych opracowanego modelu komputerowego są więc całkowicie zbieżne z wnioskami z wcześniej przeprowadzonych badań doświadczalnych i mogą służyć jako wyjaśnienie mechanizmu działania niepolarnych odczynników na złożony pęcherzyk gazowy - materiał stały w cieczy.

Ponadto, opracowany model komputerowy może być wykorzystany do rozwiązania odwrotnego problemu: określenia zmiany współczynnika napięcia powierzchniowego na granicy odcinka faz ciecz - gaz na podstawie zmiany postaci pęcherzyka gazu, umocowanego na powierzchni materiału stałego, co ma duże praktyczne znaczenie w medycynie, astrofizyce i innych dziedzinach nauki.

Rozdział II. Komputerowe modelowanie zachowania się pęcherzyka gazu, zamocowanego na powierzchni materiału stałego, przy zmiennym ciężarze własnym.

2.1 Komputerowe modelowanie zachowania się gazu pęcherzyk, zamocowany na powierzchni materiału stałego, pod wpływem zmiany przyspieszenia grawitacji

Obecnie zgromadzony materiał teoretyczny badań form równowagowych pęcherzyków gazu, utrwalonych na powierzchni materiału stałego w płynie, pod wpływem spadku przyspieszenia grawitacyjnego, prowadzony był albo na podstawie geometrycznych praw symetrii silnie upraszczających istotę procesów fizycznych, albo na podstawie teoretycznych ocen jakościowych istniejących równań hydrostatycznych równowagi płynu, uwzględniających spadek przyspieszenia grawitacyjnego, bez tworzenia numerycznego rozwiązania tych równań.

Dlatego do precyzyjnej analizy numerycznej pęcherzyka gazowego o szerokim polu powierzchni wartości β, zamocowanego na powierzchni materiału stałego, pod wpływem zmiany przyspieszenia grawitacyjnego, wyznaczono zadanie skonstruowania komputerowego modelu fizycznego zachowania się pęcherzyka gazowego w tym przypadku oraz opracowania algorytmu obliczeń numerycznych tego modelu.

Sformułowanie modelu.

1. Zachowanie się pęcherzyków gazu (kropla), umocowanych na powierzchni materiału stałego w
płyn, jest rozpatrywany w warunkach izotermicznych, izobarycznych.

2. Płyn uważany jest za nieściśliwy, tzn. $d\rho f/dt = 0$, a zatem według
prawo zachowania masy, objętość bańki gazowej jest stała.

3. Zachowanie pęcherzyków gazu jest rozpatrywane pod wpływem działania sił
grawitacji i napięcia powierzchniowego: siły zewnętrzne są nieobecne.

4. Kąt zwilżalności kontaktowej pęcherzyka gazowego, zamocowanego na powierzchni ciała stałego
materiał, przy zmianie przyspieszenia grawitacji nie zmienia się.

5. Zmiana przyspieszenia grawitacji prowadzi do zmiany postaci gazu Bańka.

W obecnym modelu wpływ zmiany przyspieszenia grawitacyjnego na postać pęcherzyka gazu jest rozważany w następujący sposób.

Przy zmianie przyspieszenia ***grawitacji g***, zmiana parametru $\beta = \rho fgb^2/\sigma 12$, przy zmienionej wartości, określa się wartość jednej ze współrzędnych (***X*** lub ***Z***) profilu postaci pęcherzyka gazu, która odpowiada nowej wartości przyspieszenia ziemskiego.

Ponadto, zgodnie z prawem zachowania masy, oblicza się inną współrzędną profilu postaci pęcherzyka gazu, a zatem wartości objętości pęcherzyka gazu, które odpowiadają poprzedniej wartości przyspieszenia grawitacyjnego i nowej, zbiegły się w czasie.

Proponowany model pozwala na badanie praw, regulujących zmianę formy, wspólnej energii powierzchniowej, pęcherzyka gazu i wynikającej z tego siły, która utrzymuje go na powierzchni materiału stałego pod wpływem zmiany przyspieszenia grawitacyjnego.

Blok - schemat numerycznego obliczenia modelu na komputerze przedstawiony jest na rysunku 14.

Obliczenia zostały wykonane w następujący sposób:

1. Wprowadzane są warunki początkowe: ***MI*** - liczba punktów, ρfl - gęstość płyn, ***g*** - przyspieszenie grawitacji, ***b*** - współczynnik normalizujący, ***AM*** - wartość, która określa kąt zwilżalności styku we wzorze $\theta = \pi(1-1/AM)$, $\sigma 12$ = ***T***- współczynnik napięcia powierzchniowego na granicy odcinka fazy gaz płynny, ***A2*** - dokładność regulacji objętości; ***A3*** - stopień przyrostu parametr β, parametr fizyczny $\beta = \rho flgb^2/\sigma 12 = B$.

Wydruk danych wprowadzanych przez program na ekranie komputera to Przedstawione na rysunku 15.

2. Obliczenie współrzędnych profilu postaci bańki, jej boku powierzchnia kwadratowa i siły, które utrzymują ją na powierzchni materiału stałego, pod zmiana przyspieszenia grawitacyjnego o stopień, na przykład, ***196cm/sec***^{2}, oraz zatrzymanie objętości bąbelka z dokładnością np. ***A2 = 0,00***, wynosi wyprodukowany.

To wyliczenie ma dwa przypadki.

Sprawa 1. Spadek przyspieszenia grawitacji, o krok Δg = ***196 cm/sec2*** od ***g = 980 cm/sec2*** do ***g = 196 cm/sec2***.

1. Współrzędne: ***b/ρ***, ***X/b***, ***Z/b*** profilu postaci bańki gazowej które odpowiadają ***g = 980cm/sec2***,są obliczane przez Kutta - Mersona

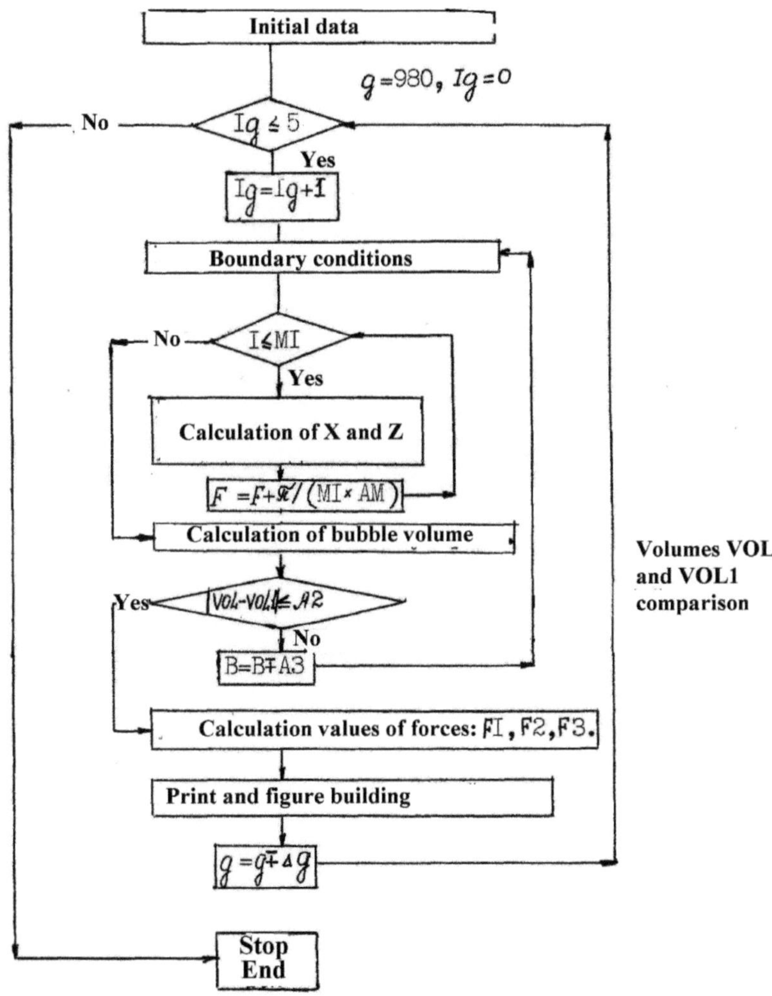

Rysunek 14

Blok - schemat numerycznego obliczenia modelu zachowania się pęcherzyka gazu, zamocowany na powierzchni stałej pod wpływem zmiany przyspieszenia grawitacyjnego

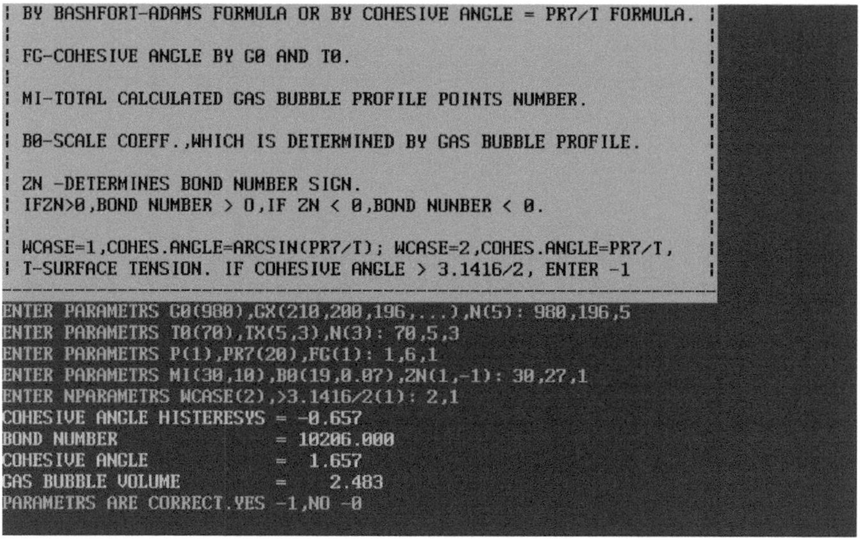

```
| BY BASHFORT-ADAMS FORMULA OR BY COHESIVE ANGLE = PR7/T FORMULA. |
|                                                                  |
| FG-COHESIVE ANGLE BY G0 AND T0.                                  |
|                                                                  |
| MI-TOTAL CALCULATED GAS BUBBLE PROFILE POINTS NUMBER.            |
|                                                                  |
| B0-SCALE COEFF.,WHICH IS DETERMINED BY GAS BUBBLE PROFILE.       |
|                                                                  |
| ZN -DETERMINES BOND NUMBER SIGN.                                 |
| IFZN>0,BOND NUMBER > 0,IF ZN < 0,BOND NUNBER < 0.                |
|                                                                  |
| WCASE=1,COHES.ANGLE=ARCSIN(PR7/T); WCASE=2,COHES.ANGLE=PR7/T,   |
| T-SURFACE TENSION. IF COHESIVE ANGLE > 3.1416/2, ENTER -1        |
--------------------------------------------------------------------
ENTER PARAMETRS G0(980),GX(210,200,196,...),N(5): 980,196,5
ENTER PARAMETRS T0(70),TX(5,3),N(3): 70,5,3
ENTER PARAMETRS P(1),PR7(20),FG(1): 1,6,1
ENTER PARAMETRS MI(30,10),B0(19,0.07),ZN(1,-1): 30,27,1
ENTER NPARAMETRS WCASE(2),>3.1416/2(1): 2,1
COHESIVE ANGLE HISTERESYS = -0.657
BOND NUMBER               = 10206.000
COHESIVE ANGLE            =  1.657
GAS BUBBLE VOLUME         =    2.483
PARAMETRS ARE CORRECT.YES -1,NO -0
```

Rysunek 15

Wydruk danych wprowadzonych przez program na ekranie komputera.

Metoda.

Obliczone współrzędne przez pomnożenie przez współczynnik normalizujący ***b* = *B1*** są przekształcane na rzeczywiste współrzędne. Następnie wartości oblicza się kwadrat powierzchni bocznej pęcherzyka gazu i jego objętość, w oparciu o wzór (1.1.11). Wartość siły przylegania ***F1* = *PR3***, wartość Siła Archimedesa ***F2* = *PR1*** i siła spowodowana przez powierzchnię krzywiznę ***F3* = *PR4***, oblicza się według wzoru (1.1.12). Wszystkie otrzymane wartości są drukowane.

Wydruk wyników pracy programu na komputerze ekran dla przypadku pęcherzyka z β > ***0,*** o objętości 2,***48326cm3,*** ***g* = *980cm/sec2***, kąt kontaktu θ = ***1,6053radian u*** σ12 = ***70Dyne/cm***, wynosi Przedstawione na rysunku 16.

2. Po tym, działanie spadku przyspieszenia grawitacyjnego o stopień Δg =***196 cm/sec2*** , co prowadzi do spadku wartości ***β = ρfgb²/σ12,*** którego zmienioną wartość zastępuje się wzorem na określenie współrzędnych ***X/b*** i ***Z/b***, jest tworzone.

3. Z dokładnością do ***A2***, regulacja objętości ***VOL*** i ***VOL1***, że odpowiadają ***g* = *980cm/sec2*** , a zmieniona wartość ***g* = *784cm/sec2*** poprzez zwiększenie wartości β i odpowiednio współrzędnej ***Z/b*** o wartość równą krok, na przykład ***A3* = *0,001***, jest wytwarzany, o ile wartości ***VOL*** a ***VOL1 nie zbiegnie*** się w czasie. W tym przypadku, współrzędna ***X/b*** nie jest zmienia się i odpowiada zmienionej wartości β dla ***g* =*784cm/sec2***.

Wydruk wyników korekty objętościVOL i ***VOL1*** przez dokładność ***A2*** na ekranie komputera jest przedstawiona na rysunku 17.

4. Wartości współrzędnych profilu postaci bańki gazowej które odpowiadają ***g* = *784 cm/sec2*** , a objętość ***VOL* = *VOL1*** wynoszą pomnożony na współczynnik normalizujący ***b* =*B1*** dla uzyskania wartości rzeczywistych.

5. Wartości powierzchni bocznej kwadratu pęcherzyka gazu, jego objętości oraz wartość siły przyczepności ***F1* = *PR3***, siły Archimedesa ***F2* = *PR1*** i

siła, spowodowana krzywizną powierzchni ***F3 = PR4***, dla przypadku ***g = 784cm/sec2***, są obliczane.

Uzyskane wartości zostaną wydrukowane.

GRAVITY	SURFACE TENSION	GAS BUBBLE VOLUME
980	70	2.4833

F	X	Z	P	X/SIN(F)
+0.05121	+0.70380	+0.01401	+5.25332	+13.74941
+0.10242	+0.92616	+0.03272	+2.47838	+9.05859
+0.15363	+1.05024	+0.05133	+1.61381	+6.86312
+0.20484	+1.15015	+0.07351	+1.13538	+5.65436
+0.25605	+1.22245	+0.09548	+0.87559	+4.82683
+0.30726	+1.29443	+0.12450	+0.67085	+4.27985
+0.35847	+1.34861	+0.15308	+0.54427	+3.84394
+0.40968	+1.39079	+0.18116	+0.45846	+3.49169
+0.46089	+1.42419	+0.20868	+0.39659	+3.20226
+0.51210	+1.45077	+0.23556	+0.34997	+2.96072
+0.56331	+1.47187	+0.26175	+0.31366	+2.75638
+0.61452	+1.48840	+0.28719	+0.28464	+2.58150
+0.66573	+1.50105	+0.31180	+0.26097	+2.43033
+0.71694	+1.51034	+0.33553	+0.24135	+2.29856
+0.76815	+1.51668	+0.35832	+0.22487	+2.18288
+0.81936	+1.52041	+0.38011	+0.21086	+2.08073
+0.87057	+1.52182	+0.40086	+0.19884	+1.99010
+0.92178	+1.52116	+0.42050	+0.18846	+1.90938
+0.97299	+1.51864	+0.43901	+0.17943	+1.83727
+1.02420	+1.51445	+0.45633	+0.17154	+1.77275
+1.07541	+1.50878	+0.47242	+0.16461	+1.71495
+1.12662	+1.50179	+0.48726	+0.15851	+1.66318
+1.17783	+1.49363	+0.50082	+0.15313	+1.61688
+1.22904	+1.48444	+0.51306	+0.14838	+1.57557
+1.28025	+1.47437	+0.52398	+0.14419	+1.53887
+1.33146	+1.46354	+0.53355	+0.14049	+1.50648
+1.38267	+1.45208	+0.54177	+0.13724	+1.47816
+1.43388	+1.44012	+0.54863	+0.13440	+1.45372
+1.48509	+1.42776	+0.55413	+0.13193	+1.43302
+1.53630	+1.41514	+0.55828	+0.12980	+1.41598

AT FINISHED BUBBLE PROFLE POINT: F X, Z
+1.53630 +1.41514 +0.55828

SIDE SURFACE		CONTACT SQUARE
+15.87667		+6.29142
GAS BUBBLE VOLUME		CALCULATED GAS BUBBLE VOLUME
+2.48326		+2.48326
ARHIMED FORCE	SURFACE TENSION FORCE	LAPLASS FORCE
+2433.591	+622.041	+3442.120
RESULTED FORCE		
-386.487		

Rysunek 16

Wydruk wyników pracy programu na ekranie komputera dla przypadku pęcherzyka o wielkości $\beta > 0$, *o* objętości 2,***48326cm3,*** ^{g} = ***980cm/sec2,*** kącie styku θ = ***1,6053 radiany i*** ***σ12 = 70Dyne/cm.***

```
10.77750587463379      2.483256340026855
10.76670074462891      2.483256340026855
10.75590419769287      2.483256340026855
10.7451114654541       2.483256340026855
10.73432540893555      2.483256340026855
10.72354316711426      2.483256340026855
10.7127685546875       2.483256340026855
10.70200157165527      2.483256340026855
10.69123554229736      2.483256340026855
10.68048000335693      2.483256340026855
10.66972732543945      2.483256340026855
10.6589822769165       2.483256340026855
10.64824104309082      2.483256340026855
10.63750648498535      2.483256340026855
10.62677478790283      2.483256340026855
10.61605167388916      2.483256340026855
10.6053352355957       2.483256340026855
10.5946216583252       2.483256340026855
10.58391571044922      2.483256340026855
10.57321548461914      2.483256340026855
10.56252098083496      2.483256340026855
10.55183219909668      2.483256340026855
10.54114818572998      2.483256340026855
```

Rysunek 17

Wydruk wyników regulacji objętości ***VOL*** i ***VOL1*** z dokładnościąA2 na ekran komputera.

Opisana operacja jest powtarzana wielokrotnie, w wyniku czego współrzędne profilu formy, kwadratu powierzchni bocznej, objętości pęcherzyk gazu i wartość sił, które utrzymują go na powierzchni ciała stałego materiału, ze spadkiem przyspieszenia grawitacji od ***g = 980cm/sec*** ^{2} do ***g = 196cm/sec*** ^{2}, są obliczane.

Wydruk wyników pracy programu na komputerze ekran dla przypadku pęcherzyka o wielkości β > ***0*** i objętości 2,***48326 cm3, g =196cm/sec2***, kąt styku θ = ***1,6053radian*** i σ12 = ***70Dyne/cm*** jest przedstawiona na rysunku 18.

Sprawa 2. Wzrost przyspieszenia grawitacji o krok ***Δg =196cm/sec2*** od ***g = 196cm/sec*** ^{2} do ***g = 1960cm/sec2***.

1. Przede wszystkim, analogicznie do przypadku 1, bezwymiarowy i rzeczywisty współrzędne profilu postaci bańki gazowej, wartość boku powierzchnia kwadratu pęcherzyka gazu, jego objętość i wartość siły przyczepności ***F1 = PR3***, siła Archimedesa ***F2 = PR1*** i siła, spowodowana przez krzywizna ***F3 = PR4,*** które odpowiadają przypadkowi ***g = 980 cm/sec2***, wynoszą obliczony.

2. Po tym, działanie zwiększenia przyspieszenia grawitacji jest wytwarzany przez stopień Δg = ***196cm/sec2***, który prowadzi do zwiększenia wartość β = ***ρflgb²/σ12,*** której zmienioną wartość zastępuje się wartością wzory na określenie współrzędnych ***X/b*** i ***Z/b***.

3. Ponadto, podobnie jak w przypadku 1, dostosowanie objętości ***VOL*** i ***VOL1***, które odpowiadają ***g = 980 cm/sec2*** i zmienionej wartości ***g =1176cm/sec*** ^{2} jest produkowany z dokładnością ***A2***, poprzez przyrost wartości β i odpowiednio współrzędnej ***Z/b*** o wartość równą krok, na przykład, ***A3 = 0,001***, o ile wartość ***VOL*** i ***VOL1*** nie zostanie przekroczona zbiegnie się w czasie.

W tym przypadku współrzędna ***X/b*** nie zmienia się i odpowiada zmieniona wartość β dla ***g* = *1176cm/sec2***.

4. Wartości współrzędnych profilu postaci bańki gazowej które odpowiadają ***g* = *1176 cm/sec2***, a objętość ***VOL* = *VOL1*** wynoszą pomnożone przez współczynnik normalizujący ***b* = *B1***, aby otrzymać rzeczywistą wartości.

GRAVITY	SURFACE TENSION	GAS BUBBLE VOLUME
196	70	2.4833

F	X	Z	P	X/SIN(F)
+0.05121	-0.69624	+0.02505	+11.02291	-13.60180
+0.10242	-0.21265	+0.06601	+5.51548	-2.07993
+0.15363	+0.06507	+0.10774	+3.62818	+0.42521
+0.20484	+0.29012	+0.15777	+2.56129	+1.42629
+0.25605	+0.45330	+0.20740	+1.97729	+1.78987
+0.30726	+0.61588	+0.27300	+1.51537	+2.03632
+0.35847	+0.73826	+0.33759	+1.22929	+2.10426
+0.40968	+0.83350	+0.40102	+1.03519	+2.09258
+0.46089	+0.90888	+0.46315	+0.89518	+2.04361
+0.51210	+0.96888	+0.52384	+0.78964	+1.97727
+0.56331	+1.01646	+0.58294	+0.70741	+1.90353
+0.61452	+1.05373	+0.64029	+0.64169	+1.82759
+0.66573	+1.08222	+0.69577	+0.58807	+1.75221
+0.71694	+1.10313	+0.74924	+0.54359	+1.67884
+0.76815	+1.11739	+0.80056	+0.50620	+1.60821
+0.81936	+1.12578	+0.84961	+0.47441	+1.54067
+0.87057	+1.12895	+0.89627	+0.44711	+1.47634
+0.92178	+1.12745	+0.94043	+0.42350	+1.41519
+0.97299	+1.12177	+0.98200	+0.40294	+1.35714
+1.02420	+1.11237	+1.02087	+0.38494	+1.30209
+1.07541	+1.09964	+1.05697	+0.36910	+1.24990
+1.12662	+1.08396	+1.09023	+0.35513	+1.20045
+1.17783	+1.06568	+1.12058	+0.34277	+1.15361
+1.22904	+1.04512	+1.14797	+0.33181	+1.10927
+1.28025	+1.02259	+1.17237	+0.32209	+1.06733
+1.33146	+0.99841	+1.19373	+0.31348	+1.02770
+1.38267	+0.97285	+1.21206	+0.30586	+0.99032
+1.43388	+0.94619	+1.22733	+0.29914	+0.95513
+1.48509	+0.91871	+1.23956	+0.29324	+0.92210
+1.53630	+0.89066	+1.24876	+0.28809	+0.89119

AT FINISHED BUBBLE PROFLE POINT: F X, Z
+1.53630 +0.89066 +1.24876

SIDE SURFACE		CONTACT SQUARE
+12.01613		+2.49217
GAS BUBBLE VOLUME		CALCULATED GAS BUBBLE VOLUME
+2.48326		+2.49225
ARHIMED FORCE	SURFACE TENSION FORCE	LAPLASS FORCE
+486.718	+391.502	+609.978
RESULTED FORCE		
+268.242		

Rysunek 18
Wydruk wyników pracy programu na ekranie komputera dla przypadku pęcherzyk o β > *0* i objętości 2,***48326cm3,*** ^{g} = ***196cm/sec2,*** kąt kontaktu θ = ***1,6053radian*** i σ12 = ***70Dyne/cm***.

5. Wartości powierzchni bocznej kwadratu pęcherzyka gazu, jego objętości oraz wartość siły przyczepności ***F1 = PR3***, siły Archimedesa ***F2 = PR1*** i oblicza się siłę, wywołaną krzywizną powierzchni ***F3 = PR4*** dla obudowy ***g = 1176cm/sec2***.

Uzyskane wartości zostały wydrukowane. Opisana operacja jest powtarzana wielokrotnie, w wyniku czego współrzędne profilu formy, powierzchnia boczna kwadratowa, objętość pęcherzyka gazu i wartość sił, którezatrzymują go na powierzchni materiału stałego ze wzrostem przyspieszenia grawitacji od ***g = 980cm/sec2*** do ***g = 1960cm/sec2***, wynoszą obliczony.

Wydruk wyników pracy programu na ekranie komputer dla przypadku pęcherzyka o β > ***0*** i objętościowo ***2,48326cm3***, ***g =1764cm/sec2***, kąt natarcia θ = ***1,6053 radian*** oraz ***σ12 = 70Dyne/cm*** jest przedstawiony na rysunku 19.

Program obliczeń numerycznych modelu został zrealizowany na FORTRAN 77 i C. Czas liczenia programu na komputerze osobistym nie przekracza 1 minuty.

Korzystając z opracowanego modelu możliwe jest wykonanie nie tylko obliczeń współrzędnych profilu formy, całkowitego kwadratu powierzchni, objętości pęcherzyka gazu, umocowanego na powierzchni materiału stałego, oraz działających na niego sił dla dowolnej wartości przyspieszenia grawitacyjnego, czy też graficzne zbudowanie tych profili form i symulowanie ich na ekranie komputera.

Na rysunku 20 przedstawiono graficznie profile form pęcherzyków gazu o współczynniku β > ***0,*** współczynniku napięcia powierzchniowego 70Dyne/cm, kącie styku

θ = 1,6053radian i objętość ***2,48326cm3*** , przytwierdzone do powierzchni materiału stałego, wzięte przez nie pod ***g = 980cm/sec2*** (1), ***g = 196cm/sec2*** (2) i ***g = 1764cm/sec2***(3).

Na potrzeby próby doświadczalnej pracy opracowanego modelu komputerowego przeprowadzono modelowanie zachowania się pęcherzyka gazu z wartością β > ***0,*** współczynnikiem napięcia powierzchniowego 70Dyne/cm, kątem natarcia θ = ***1,6053 radiana oraz*** objętością 2,***05cm3*** , zamocowanego na powierzchni materiału stałego, ze spadkiem przyspieszenia grawitacyjnego z g = ***980cm/sec2*** *do* g = 196cm/sec2 oraz wzrostem przyspieszenia grawitacyjnego z g = ***980cm/sec2*** *do* g = ***1764cm/sec2.***

GRAVITY	SURFACE TENSION	GAS BUBBLE VOLUME		
1764	70	2.4833		
F	X	Z	P	X/SIN(F)
+0.05121	+1.10527	+0.01088	+3.94960	+21.59256
+0.10242	+1.27151	+0.02481	+1.84604	+12.43646
+0.15363	+1.36386	+0.03863	+1.20012	+8.91259
+0.20484	+1.43815	+0.05509	+0.84386	+7.07019
+0.25605	+1.49188	+0.07141	+0.65068	+5.89070
+0.30726	+1.54538	+0.09296	+0.49852	+5.10959
+0.35847	+1.58565	+0.11419	+0.40448	+4.51958
+0.40968	+1.61701	+0.13504	+0.34074	+4.05962
+0.46089	+1.64183	+0.15549	+0.29479	+3.69163
+0.51210	+1.66160	+0.17546	+0.26016	+3.39097
+0.56331	+1.67729	+0.19493	+0.23320	+3.14108
+0.61452	+1.68959	+0.21384	+0.21165	+2.93044
+0.66573	+1.69900	+0.23214	+0.19408	+2.75083
+0.71694	+1.70591	+0.24978	+0.17951	+2.59620
+0.76815	+1.71063	+0.26673	+0.16727	+2.46204
+0.81936	+1.71341	+0.28295	+0.15688	+2.34487
+0.87057	+1.71447	+0.29838	+0.14797	+2.24203
+0.92178	+1.71398	+0.31300	+0.14027	+2.15141
+0.97299	+1.71211	+0.32678	+0.13357	+2.07134
+1.02420	+1.70900	+0.33967	+0.12772	+2.00047
+1.07541	+1.70478	+0.35166	+0.12259	+1.93773
+1.12662	+1.69958	+0.36271	+0.11808	+1.88222
+1.17783	+1.69350	+0.37281	+0.11410	+1.83323
+1.22904	+1.68665	+0.38194	+0.11060	+1.79019
+1.28025	+1.67915	+0.39008	+0.10750	+1.75261
+1.33146	+1.67107	+0.39722	+0.10478	+1.72011
+1.38267	+1.66253	+0.40336	+0.10239	+1.69239
+1.43388	+1.65360	+0.40848	+0.10031	+1.66922
+1.48509	+1.64438	+0.41259	+0.09850	+1.65044
+1.53630	+1.63495	+0.41569	+0.09696	+1.63593

```
AT FINISHED BUBBLE PROFLE POINT:          F        X,       Z
                                   +1.53630 +1.63495 +0.41569
        SIDE SURFACE                            CONTACT SQUARE
         +16.94165                                  +0.39772
      GAS BUBBLE VOLUME            CALCULATED GAS BUBBLE VOLUME
          +2.48326                                  +2.47549
       ARHIMED FORCE    SURFACE TENSION FORCE    LAPLASS FORCE
         +4380.464                +718.663         +6157.810
      RESULTED FORCE
         -1058.682
```

Rysunek 19

Wydruk wyników pracy programu na ekranie komputera w przypadku pęcherzyk z $\beta > 0$, o objętości 2,*48326cm3*, ^{g} = *1764cm/sec2*, kąt ^{natarcia} θ = ***1,6053radian*** i $\sigma 12$ = *70Dyne/cm*.

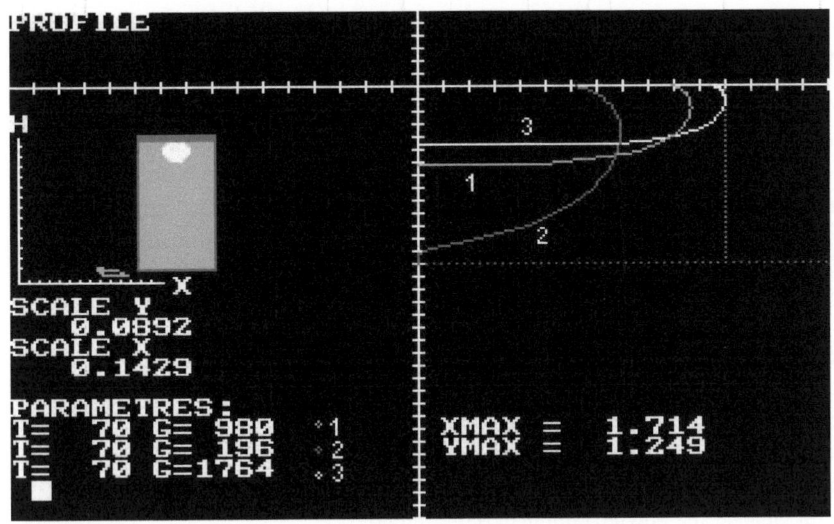

Rysunek 20

Graficzna ilustracja profili form pęcherzyków gazu o współczynniku β > ***0*** napięcia powierzchniowego ***70Dyne/cm***, o objętości ***2,48326cm3*** , kącie styku θ = ***1,6053 radiana***, umocowane na powierzchni materiału stałego, pobranego przez nie pod: 1) - ***g = 980cm/sec2***; 2) - ***g = 196sm/sec2***; 3) - ***g = 1764cm/sec2***.

Na rysunku 21 przedstawiono wydruk danych wejściowych pęcherzyka o wartości β > ***0,*** kącie zwilżania styków θ = ***1,6053 radiana, σ12 = 70Dyne/cm i*** objętości 2,***05 cm3*** *na* ekranie komputera.

Na rysunku 22 zilustrowano wyniki przeprowadzonego modelowania komputerowego: profile form pęcherzyków gazu o współczynniku β > ***0,*** współczynniku napięcia powierzchniowego na granicy przekroju faz ciecz - gaz 70Dyne/cm, kącie styku θ = ***1,6053 radiana i*** objętości 2,***05cm3*** , zamocowanych na powierzchni materiału stałego, pobranych przez nie pod g = ***980cm/sec2*** *(*[1], g = 196cm/sec2 *(*[2] oraz
g = ***1764cm/sec2*** (3).

Przeprowadzone obliczenia numeryczne modelu komputerowego wykazały, że dla pęcherzyków o parametrze β > ***0,*** prawa rządzące zachowaniem się ich formy przy zmianie przyspieszenia grawitacyjnego polegają na tym, że wraz ze spadkiem przyspieszenia grawitacyjnego następuje wzrost wysokości pęcherzyka i zmniejszenie obwodu jego mocowania na powierzchni materiału stałego (rys. 20, 22): pęcherzyk gazowy "układa się" na powierzchni materiału stałego.

Wraz ze wzrostem przyspieszenia grawitacji następuje zmniejszenie się pęcherzyka i zwiększenie obwodu jego umocowania na powierzchni materiału stałego (rys. 20, 22): pęcherzyk gazu "spłaszcza się" na powierzchni materiału stałego.

Na rysunku 23 przedstawiono ramy pracy opracowanego programu komputerowego, który symuluje teoretycznie obliczone profile postaci pęcherzyka gazu o objętości ***2,05 cm3*** oraz jego zachowanie przy spadku przyspieszenia ***grawitacyjnego*** z ***g = 980cm/sec2*** do ***g = 0*** (lub przy zmianie przeciążenia statku powietrznego z ***n = 1un.*** na ***n = 0***).

Na rysunku 24 przedstawiono ramy zachowania się spadku wody o objętości ***2,05cm3*** , przy spadku przyspieszenia ***grawitacyjnego*** z ***g = 980cm/sec2*** do
g = 196 cm/sec2 (lub przy zmianie przeciążenia statku powietrznego z ***n = 1 un.*** na ***n = 0***).

Przedstawione profile postaci pęcherzyka gazu i jego zachowanie na rysunku 23, sprawdzone doświadczalnie podczas prób na pokładzie laboratorium latającego statku powietrznego IL 76-K, ilustrują ramy filmowania (rysunek 25), uzyskane w procesie przeprowadzonych prób w locie.

```
| BY BASHFORT-ADAMS FORMULA OR BY COHESIVE ANGLE = PR7/T FORMULA. |
|                                                                 |
| FG-COHESIVE ANGLE BY G0 AND T0.                                 |
|                                                                 |
| MI-TOTAL CALCULATED GAS BUBBLE PROFILE POINTS NUMBER.           |
|                                                                 |
| B0-SCALE COEFF.,WHICH IS DETERMINED BY GAS BUBBLE PROFILE.      |
|                                                                 |
| ZN -DETERMINES BOND NUMBER SIGN.                                |
| IFZN>0,BOND NUMBER > 0,IF ZN < 0,BOND NUNBER < 0.               |
|                                                                 |
| WCASE=1,COHES.ANGLE=ARCSIN(PR7/T); WCASE=2,COHES.ANGLE=PR7/T,   |
| T-SURFACE TENSION. IF COHESIVE ANGLE > 3.1416/2, ENTER -1       |
-------------------------------------------------------------------
ENTER PARAMETRS G0(980),GX(210,200,196,...),N(5): 980,196,5
ENTER PARAMETRS T0(70),TX(5,3),N(3): 70,5,3
ENTER PARAMETRS P(1),PR7(20),FG(1): 1,6,1
ENTER PARAMETRS MI(30,10),B0(19,0.07),ZN(1,-1): 30,17.2,1
ENTER NPARAMETRS WCASE(2),>3.1416/2(1): 2,1
COHESIVE ANGLE HISTERESYS = -0.657
BOND NUMBER               =  4141.760
COHESIVE ANGLE            =  1.657
GAS BUBBLE VOLUME         =    2.051
PARAMETRS ARE CORRECT.YES -1,NO -0
```

Rysunek 21

Wydruk danych wejściowych programu pęcherzyka z $\beta > 0$, kąt zwilżania styku $\theta = 1,6053 radian$, $\sigma 12 = 70 Dyne/cm$ i objętość ***2,05cm3*** na ekranie komputera.

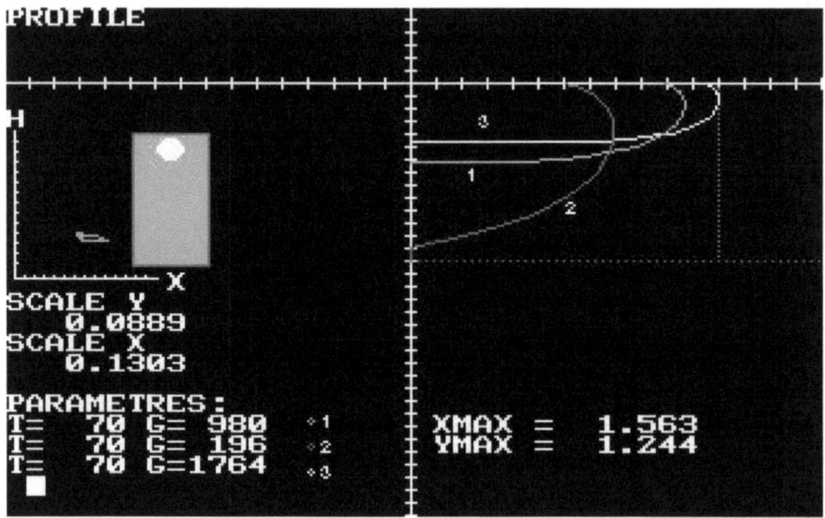

Rysunek 22

Program komputerowy graficznie obrazuje profile form pęcherzyków gazu, skonstruowanych po przeprowadzeniu modelowania komputerowego, zamocowanych na powierzchniach ciała stałego, o współczynniku β > *0,* współczynniku napięcia powierzchniowego na granicy przekroju faz ciecz - gaz 70Dyne/cm**,** kącie styku θ = ***1,6053 radiana i*** objętości 2,***05cm3*** **,** pobranym przez nie pod:

1) - ***g = 980cm/sec2***; 2) - ***g = 196cm/sec2***; 3) - ***g = 1764cm/sec2***.

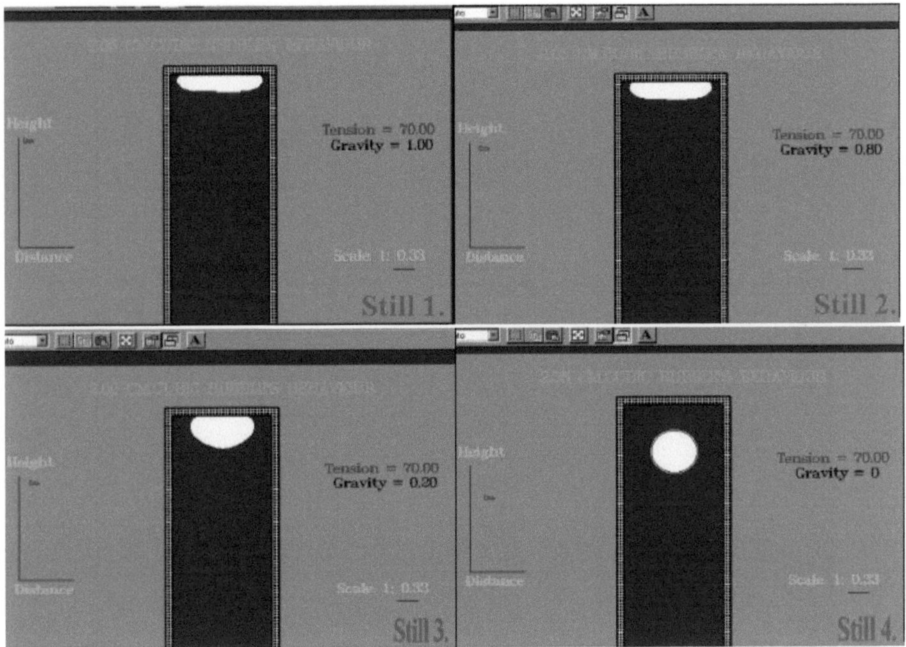

Rysunek 23
Ramki demonstracji pracy opracowanego programu komputerowego, który symuluje profile postaci pęcherzyka gazu o objętości ***2,05cm*** ^{3} i jego zachowanie przy spadku przyspieszenia ***grawitacyjnego*** z ***g = 980cm/sec2*** (lub ***n = 1 un.***) do ***g = 0***.
Skala 1:0.33

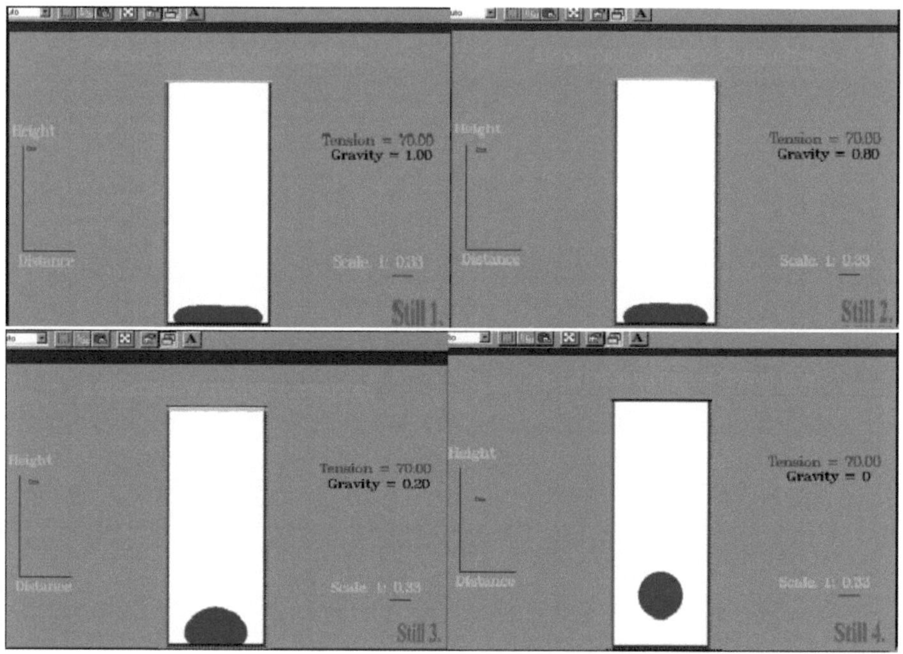

Rysunek 24
Ramki demonstracji pracy opracowanego programu komputerowego, który symuluje profile postaci kropli wody o objętości ***2.05cm*** ^{3} i jej zachowanie przy spadku przyspieszenia grawitacyjnego z ***g*** = ***980cm/sec2*** (lub ***n = 1 un.***) do ***g = 0***.
Skala 1:0.33

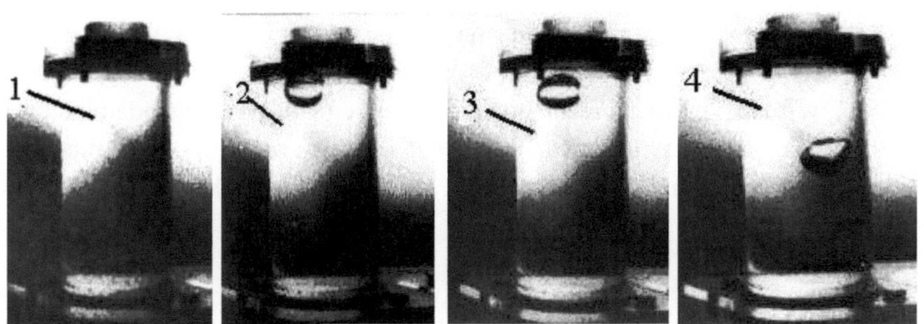

Rysunek 25

Ramki filmowania profili postaci pęcherzyka gazu o objętości ***2,05cm/sec3*** i jego zachowanie przy spadku przyspieszenia ***grawitacyjnego*** z ***g = 980cm/sec2*** (lub ***1un.***) do ***g = 0***, podczas prób w locie statku powietrznego na pokładzie laboratorium latającego IL 76 - K.

1. - g = 980 cm/sec2 (1 uncja); ***2. - g = 196 cm/sec2 (0,2 uncji)***; ***3 u 4 - g = 0.***

Rysunek 26 przedstawia teoretycznie obliczone profile postaci pęcherzyków gazu i kropli wody, uzyskane przez nie przy wzroście przyspieszenia ***grawitacyjnego*** o objętości ***2,05cm³***, współczynnik napięcia powierzchniowego na granicy odcinka fazy ciecz - gaz ***70Dyne/cm*** oraz kąt kontaktu θ = ***1,6053radian***, przyjęty przez nie przy wzroście wartości przyspieszenia ***grawitacyjnego g*** z ***g*** = ***980 cm/sec²*** do ***g*** = ***1764 cm/sec²*** (z ***n*** = ***1un*** do
n = ***1,8un.***).

Analiza numeryczna uzyskanych profili form pęcherzyków gazowych wykazała, że wraz ze spadkiem przyspieszenia grawitacyjnego zmniejsza się kwadratowa zmiana mocowania pęcherzyków gazowych na powierzchni materiału stałego, a zwiększa się kwadratowa zmiana powierzchni bocznej.

Należy zauważyć, że wzrost kwadratowej zmiany zamocowania bańki gazowej w tym przypadku jest znacznie większy niż wzrost kwadratowej zmiany jej boku.

Wykonane obliczenia zmian kwadratu powierzchni bocznej pęcherzyka gazowego, kwadratu jego mocowania na powierzchni materiału stałego, następnie wykorzystano do obliczeń zmiany wspólnej energii powierzchniowej pęcherzyka, która pojawia się wraz ze spadkiem przyspieszenia grawitacyjnego.

Obliczenie wspólnej zmiany energii powierzchniowej pęcherzyka gazu, osadzonego na powierzchni materiału stałego, która pojawia się wraz ze spadkiem przyspieszenia grawitacyjnego, wykonano zgodnie z wnioskami otrzymanymi w pracy **[29] za** pomocą wzoru:

$$\Delta E = \sigma 12\, [\Delta S6._{n.} + (Cos\theta)\text{-}\Delta S'] \qquad (2.1.1)$$

gdzie ΔSs. $_{s}$- powierzchnia boczna zmiana kwadratowa, ΔS′ - zmiana kwadratowa powierzchni bocznej;
θ - kąt zwilżalności kontaktowej.

W rezultacie ustalono, że wraz ze spadkiem przyspieszenia grawitacyjnego następuje uwolnienie energii powierzchniowej pęcherzyka gazu i jego wartość jest tym większa, im mniejsza wartość osiąga ***g***.

Wyniki obliczeń numerycznych przyrostu wspólnej zmiany energii powierzchniowej pęcherzyka gazowego, umocowanego na powierzchni materiału stałego, o objętości

2,05cm3 , o kąt styku θ = ***1,6053radian*** oraz o współczynnik napięcia powierzchniowego na granicy przekroju faz ciecz - gaz o wartości

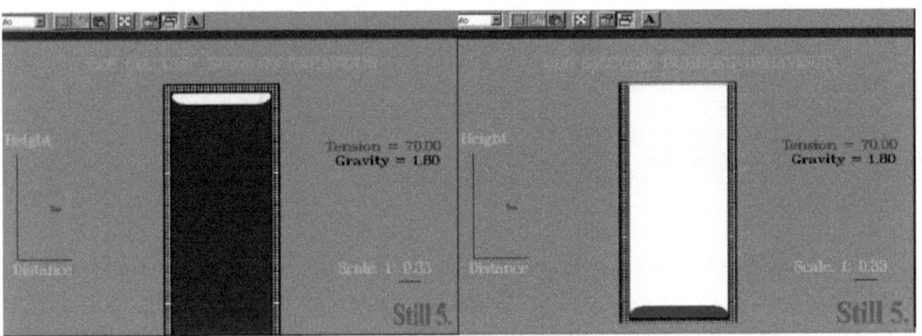

Rysunek 26

Profile form pęcherzyków gazu, kropla wody, nabywane przez nie z przyrostem przyspieszenie grawitacji od $g = 980 cm/sec^2$ do $g = 1764 cm/sec^2$ (lub ze zmianą przeciążenie statku powietrznego od ***n = 1 un.*** do ***n = 1,8 un.***).

Skala 1: 0,33

σ12 = 70Dyne/cm przy zmianie przyspieszenia ***grawitacyjnego*** z ***g =980cm/sec²*** na ***g = 196cm/sec²*** pokazują, że następuje uwolnienie ogólnej energii powierzchniowej pęcherzyka gazu, a jego wartość składa się z ΔE = ***276.4283Erg***.

Wydruk przez program wartości uwolnionej wspólnej powierzchniowej zmiany energii pęcherzyka gazu na ekranie komputera będzie wyglądał jak:

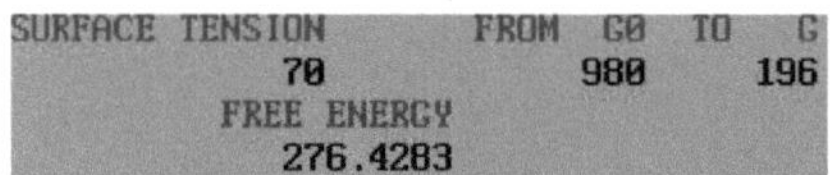

SURFACE TENSION	FROM G0	TO G
70	980	196
FREE ENERGY		
276.4283		

Uwolniona pod spadkiem przyspieszenia ***grawitacyjnego*** z ***g=980cm/sec²*** do ***g = 196cm/sec²***, wspólna zmiana energii powierzchniowej pęcherzyka gazowego lub kropli cieczy przechodzi w energię kinetyczną ruchu pęcherzyka gazowego lub kropli cieczy, gdy jej wartość przekracza wartość wynikowej siły, która utrzymuje pęcherzyk gazowy na powierzchni materiału stałego lub kropli cieczy na warstwie materiału stałego.

Jeżeli wartość uwolnionej wspólnej energii powierzchniowej zmiany pęcherzyka gazowego lub kropli cieczy jest mniejsza lub równa wartości wynikowej siły, która zatrzymuje pęcherzyk gazowy na powierzchni materiału stałego lub kropli cieczy na warstwie materiału stałego, wówczas w tym przypadku uwolniona wspólna energia powierzchniowa zmiany pęcherzyka gazowego albo kropla cieczy przechodzi w energię wibracyjną pęcherzyka gazowego albo kropla cieczy w pobliżu poziomu równowagi, która powoli zmniejsza się z powodu tarcia cieczy lub gazu.

Obliczenie siły wynikowej, która utrzymuje pęcherzyk gazu na powierzchni materiału stałego, w programie komputerowym wykonano zgodnie z wzorem (9):

$$\Delta F = F1+F2+F3 = 2\pi a\sigma 12\, Sin\theta + \rho f\, gV - \pi\sigma 12 a^2 (1/R1 + 1/R2) \quad (2.1.2)$$

W przypadku pęcherzyków o numerze wiązania β>0, obliczenia siły wynikowej mają znaczenie tylko w skrajnych punktach, tzn. przy wartościach przyspieszenia grawitacji od g = ***196cm/sec² do*** g = ***0,*** ponieważ we wszystkich pozostałych przypadkach takie powyżej pęcherzyki powietrza cieczy lub krople wody zalegające na warstwie podstawowej są w stanie stabilnym.

Fakt ten tłumaczy się tym, że w tym przypadku siła pływająca (siła Archimedesa), jest skierowana przeciwko oderwaniu się pęcherzyka gazu od górnej powierzchni ciała stałego lub kropli cieczy od warstwy podstawowej, na której leży, a siła ta ma wystarczającą wartość.

Interesujące jest obliczenie wynikowej siły w punktach spadku przyspieszenia ***grawitacyjnego*** z ***g = 196cm/sec²*** do ***g = 0,*** ponieważ to obliczenie daje odpowiedź na pytanie, czy wystarczy ta siła do oderwania się pęcherzyka powietrza nad cieczą od powierzchni stałej lub kropli wody z warstwy podstawowej pod spadkiem przyspieszenia ***grawitacyjnego*** z ***g =980cm/sec²*** do ***g=196cm/sec²***.

Wyniki obliczeń numerycznych siły wypadkowej, która utrzymuje powyższy pęcherzyk gazu na powierzchni materiału stałego o objętości ***2,05cm3*** , przez kąt styku θ = ***1,6053radian*** oraz przez współczynnik napięcia powierzchniowego na granicy przekroju faz ciecz - gaz σ12 = ***70Dyne/cm*** przy przyspieszeniu ***grawitacyjnym g = 196cm/sec ²***, pokazują, że jego wartość składa się z
ΔF = 267.6038Dyne.

Wydruk przez program komputerowy wartości siły wynikowej na ekranie komputera będzie wyglądał, jak:

```
T =  70  G1= G2= G3=      196
:RES.FORCE RE1 RE2 RE3  267.6038
```

W opracowanym programie komputerowym wprowadzono ocenę retencji pęcherzyka gazowego na powierzchni materiału stałego lub kropli cieczy na warstwie materiału stałego lub ruchu naprzód pęcherzyka gazowego lub kropli cieczy na podstawie tego, co zostało powiedziane wcześniej, tj. na podstawie stosunku uwolnionej wspólnej zmiany energii powierzchniowej i wynikającej z tego siły, która zatrzymuje pęcherzyk gazowy na powierzchni materiału stałego lub kropli cieczy na warstwie materiału stałego.

W przypadku ruchu do przodu pęcherzyka gazowego lub kropli cieczy, w programie komputerowym odległość, po której będzie poruszał się pęcherzyk gazowy lub kropla cieczy, została obliczona w następujący sposób.

Energia kinetyczna ruchu pęcherzyków gazu lub kropli cieczy może być przedstawiona w następującej formie:

$$\frac{mv^2}{2} = \Delta E - (\Delta F - \Delta X1) \qquad (2.1.3)$$

Tutaj ***v*** - prędkość ruchu pęcherzyka gazowego lub kropli cieczy; ***m*** - masa pęcherzyka gazowego lub kropli cieczy; ΔE - uwolniona wspólna energia powierzchniowa; ΔF - wynikowa siła, która utrzymuje pęcherzyk gazowy na powierzchni materiału stałego lub kropla cieczy na warstwie materiału stałego; ΔX1 = ***1cm***.

Jeżeli ***v ma być reprezentowane*** jako (ΔX/Δt) i liczyć Δt = ***1s***, to ***v*** in (2.1.3) może być reprezentowane jako ΔX - odległość, po której przez ***1s przesuwa*** się pęcherzyk gazu lub kropla cieczy.

Masę pęcherzyka gazowego można zapisać jako ***m =ρf gVol***, gdzie ρf - gęstość cieczy; ***g=980cm/sec2 przyspieszenie grawitacji*** i ***Vol*** - objętość pęcherzyka gazowego lub kropla cieczy.

Zastępując wartości wyrażone w (2.1.3) i biorąc pod uwagę, że ***ΔX1 = 1cm***, otrzymamy następujące równanie:

$$(\rho f\, gVol)/2 - (\Delta X)^2 = \Delta E - \Delta F \qquad (2.1.4)$$

Rozwiązując równanie (2.1.4) względem ΔX, otrzymamy wzór na wyznaczenie odległości, po której poruszy się pęcherzyk gazu:

$$\Delta X = \frac{\sqrt{2(\Delta E - \Delta F)}}{\rho g Vol} \qquad (2.1.5)$$

Przeprowadzone przez program komputerowy obliczenia wykazały, że dla pęcherzyka gazowego, zamocowanego na powierzchni materiału stałego, o objętości ***2,05cm3***, przez kąt styku θ = ***1.6053radian*** i przez współczynnik napięcia powierzchniowego na granicy przekroju faz cieczy - gazu σ12 = ***70Dyne/cm***, przy zmianie przyspieszenia grawitacji z ***g = 980cm/sec²*** na ***g = 196cm/sec²*** jest uwalniany ΔE = ***276.4283 Erg***, a wynikowa siła, która utrzymuje się nad pęcherzykiem gazu cieczy na powierzchni materiału stałego przy ***g = 196cm/sec²***, składa się z ΔF = ***267.6038 Dyny***.

W związku z tym mamy stan, w którym ΔE> ***ΔF, a*** więc powyżej pęcherzyka gazowego cieczy o objętości 2,***05cm3*** , o kącie styku θ = ***1,6053 radiana oraz*** o współczynniku napięcia powierzchniowego na granicy przekroju faz ciecz - gaz σ12 = ***70Dyne/cm*** przy zmianie przyspieszenia grawitacyjnego z ***g =980cm/sec²*** do ***g = 196cm/sec²*** zostanie oderwany od powierzchni stałej i przesuwa się w dół w cieczy w kierunku dna.

Obliczenia numeryczne programu komputerowego, przeprowadzone w oparciu o wzór (2.1.5) pozwoliły na obliczenie odległości, po której poruszy się pęcherzyk gazu i odległość ta wynosi ΔX = ***2,933cm***.

Wydruk przez program wartości odległości, po której poruszy się bańka gazowa na ekranie komputera, będzie wyglądał jak:

DISTANCE = 2.933

Tak więc stan systemu gaz - ciecz - ciało stałe w warunkach małej grawitacji (i nieważkości) jest energetycznie korzystny, ponieważ stan ten charakteryzuje się uwolnieniem energii powierzchniowej fazy gazowej i osiągnięciem przez nią minimum energii potencjalnej.

Weź pod uwagę pęcherzyk gazu o objętości większej niż ***2,05cm3***.

Za pomocą programu komputerowego przeprowadzono symulację profili form pęcherzyków gazu o współczynniku β > ***0,*** współczynniku napięcia powierzchniowego 70Dyne/cm o objętości 2,***48326cm3*** i kącie styku θ = ***1,6053radian,*** zamocowanych na powierzchni pobieranego przez nie materiału stałego, przy zmianach przyspieszenia grawitacji z g = ***980cm/sec2*** ***do***
g = 196cm/sec2i od ***g = 980cm/sec2*** do ***g = 1764cm/sec2*** (Rysunek 20).

Korzystając z programu komputerowego obliczyć wzrost wspólnej zmiany energii powierzchniowej pęcherzyka gazowego, wynikową siłę, która zatrzymuje pęcherzyk gazowy na powierzchni materiału stałego, oszacować zatrzymanie pęcherzyka gazowego na powierzchni materiału stałego lub ruch pęcherzyka gazowego do przodu.

Wyniki obliczeń numerycznych przyrostu wspólnej zmiany energii powierzchniowej pęcherzyka gazu, umocowanego na powierzchni materiału stałego, o objętości ***2,48326cm3*** , o kąt styku θ = ***1.6053 radian*** i współczynnik napięcia powierzchniowego na granicy przekroju faz ciecz - gaz $\sigma 12$ = ***70Dyne/cm*** przy zmianie przyspieszenia grawitacyjnego z ***g =980cm/sec²*** na ***g = 196cm/sec,²*** pokazują, że następuje uwolnienie wspólnej energii powierzchniowej pęcherzyka gazu, a jego wartość wynosi ΔE = ***247.4691 Erg***.

Wydruk przez program komputerowy wartości uwolnionej wspólnej energii powierzchniowej bańki gazowej na ekranie komputera będzie wyglądał jak:

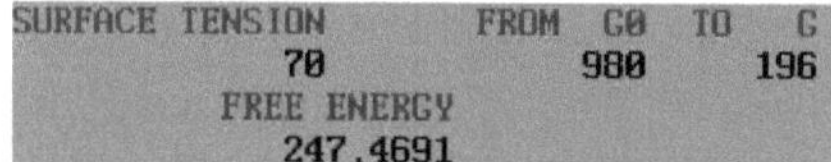

Wyniki obliczeń numerycznych siły wypadkowej, która utrzymuje się nad pęcherzykiem gazu cieczy na powierzchni materiału stałego o objętości ***2,48326cm3*** , przez kąt kontaktu θ = ***1,6053 radiana*** oraz przez współczynnik napięcia powierzchniowego na granicy przekroju faz ciecz - gaz σ12 = ***70Dyne/cm*** pod przyspieszeniem ***g*** = ***196cm/sec2,*** pokazują, że jej wartość składa się z

ΔF = 268.2419Dyne.

Wydruk przez program komputerowy wartości wynikowej siły na ekranie komputera będzie wyglądał tak samo:

T = 70 G1= G2= G3= 196
RES_FORCE RE1 RE2 RE3 268.2419

Tak więc obliczenia przeprowadzone przez program komputerowy wykazały, że dla pęcherzyka gazu, zamocowanego na powierzchni materiału stałego, o objętości ***2,48326cm3*** , przez kąt styku θ = ***1.6053radian*** i przez współczynnik napięcia powierzchniowego na granicy przekroju faz cieczy - gazu σ12 = ***70Dyne/cm*** przy zmianie przyspieszenia grawitacyjnego z ***g =980cm/sec²*** na ***g = 196cm/sec²***, jest uwalniany ΔE = ***247.4691 Erg***, a wynikowa siła, która utrzymuje się nad pęcherzykiem gazu cieczy na powierzchni materiału stałego, przy ***g = 196cm/sec²***, składa się z
ΔF = 268.2419 Dyne.

W związku z tym mamy stan, w którym ΔE< ***ΔF, a*** więc występuje ograniczenie pęcherzyka gazu na powierzchni materiału stałego i uwolniona wspólna energia powierzchniowa pęcherzyka gazu przechodzi w energię wibracyjną pęcherzyka gazu w pobliżu poziomu równowagi, która stopniowo zmniejsza się z powodu tarcia z cieczą.

Uzyskane wyniki dla dwóch pęcherzyków gazu o objętości odpowiednio ***2,05cm3*** i ***2,48326cm3*** zostały całkowicie eksperymentalnie potwierdzone w trakcie przeprowadzonych prób w locie na pokładzie laboratorium lotniczego (FL) IL-76K [37].

Na ramach filmowania Rys. 27 (a, b, c, d), uzyskanych podczas prób samolotu, są stałe oderwanie i ruch do przodu pęcherzyka gazu o objętości $V \approx 2.05cm^3$ na całej długości słupa cieczy i uwięzienie na powierzchni stałego materiału pęcherzyka o objętości $V \approx 2.5cm^3$ przy spadku przyspieszenia g od $g = 980cm/sec^2$ do $g = 0$ (lub przy zmianie przeciążenia samolotu z $n = 1un.$ do $n = 0$).

Przeprowadzone obliczenia numeryczne profili form pęcherzyków gazowych z $\beta < 0$ wykazały, że wraz ze spadkiem przyspieszenia grawitacyjnego następuje zmiana ich formy, odwrotnie niż w przypadku $\beta > 0$, ***obniżenie*** wysokości pęcherzyka i zwiększenie obwodu jego mocowania na powierzchni materiału stałego.

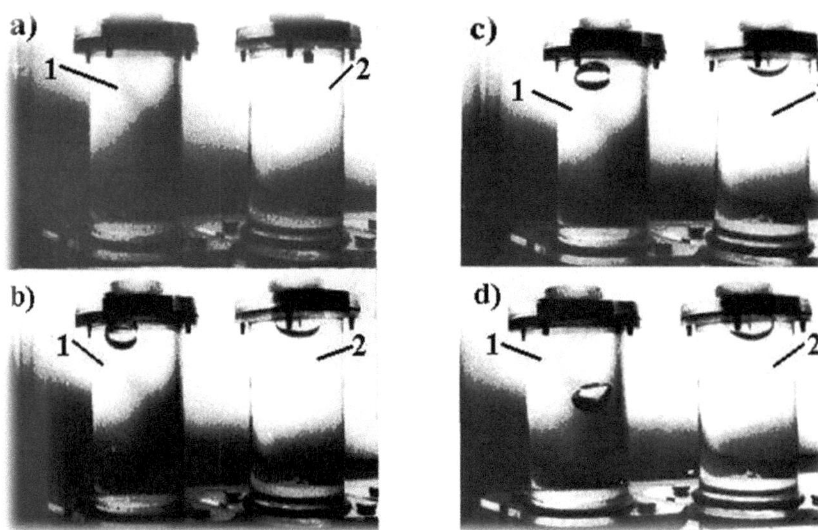

Rysunek 27
Ramki filmowania oderwania i ruchu do przodu pęcherzyka gazu o objętość *V* ≈ ***2,05cm³ (1)*** wzdłuż całej długości słupa cieczy i zamknięcia na powierzchni ciała stałego materiału pęcherzykowego o objętości *V* ≈ ***2,5cm³ (2)*** ze zmniejszeniem przyspieszenia ***grawitacyjnego*** z ***g = 980cm/sec²*** do ***g = 0*** (lub ze zmianą przeciążenia z ***n = 1un.*** do ***n = 0***).
a) ***g = 980cm/sec²***; b) ***g = 196cm/sec²***; c) ***g = 40cm/sec²***; d) ***g = 0***.

Przy wzroście przyspieszenia ***grawitacji g*** następuje wzrost wysokości i zmniejszenie obwodu mocowania pęcherzyka na powierzchni materiału stałego.

Rysunek 28 przedstawia profile form pęcherzyków gazu o wielkości β=-0,***069***, objętości ***0,00140cm3*** , kącie styku θ = ***1,8122 radiana***, uzyskane przez nie przy spadku przyspieszenia grawitacyjnego z ***g=980cm/sec2*** do ***g=196cm/sec2*** - 2 i wzroście przyspieszenia ***grawitacyjnego*** z ***g=980cm/sec2*** do ***g=1764cm/sec2*** - 3.

Analiza numeryczna uzyskanych profili form pęcherzyków gazowych, przeprowadzona z wykorzystaniem modelowania komputerowego, wykazała, że w przeciwieństwie do przypadku β > ***0,*** kwadrat mocowania pęcherzyków gazowych na powierzchni materiału stałego zwiększa się, a kwadrat powierzchni bocznej zmniejsza.

Należy zauważyć, że w tym przypadku wzrost kwadratu powierzchni bocznej nie jest znacznie większy niż wzrost kwadratu mocowania bańki gazowej.

Przeprowadzone obliczenia numeryczne siły wynikowej, która utrzymuje pęcherzyk gazu na powierzchni materiału stałego według wzoru (2.1.2), pozwoliły na stwierdzenie, że wraz ze spadkiem przyspieszenia grawitacyjnego, wynikowa siła ΔF wzrasta z ΔF = ***12,148Dyne*** przy ***g = 980cm/sec2*** do ΔF = ***15,105Dyne*** przy ***g = 196cm/sec2*** i dlatego pęcherzyk gazu kontaktowego - materiał stały jest w tym przypadku wzmocniony.

Wygląda na to wydruk przez program komputerowy wartości siły wynikowej, która działa na bańkę gazową pod wpływem spadku przyspieszenia ***grawitacyjnego*** do ***g = 196cm/sec2 na*** ekranie komputera:

```
RESULTED FORCE
     +15.105
```

Wzrost wypadkowej siły ΔF ze spadkiem przyspieszenia grawitacyjnego jest spowodowany zmniejszeniem się siły pływającej (siły Archimedesa) w równaniu (2.1.2), co prowadzi do wzmocnienia kontaktu pęcherzyka gazu - materiału stałego.

Uzyskany wynik pozwala na stwierdzenie, że w warunkach nieważkości z powodu braku siły pływającej możliwe jest utrzymywanie się pęcherzyków ***o*** β<0 dużych objętości na powierzchni materiału stałego, co jest praktycznie niemożliwe w warunkach ziemskich.

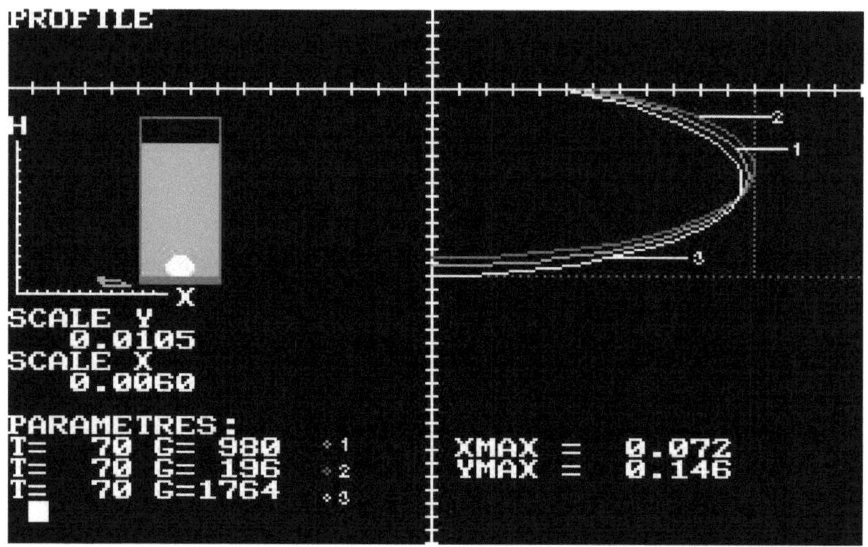

Rysunek 28

Profile form pęcherzyków gazu o wielkości β=-0,*069*, o objętości ***0,00140cm3***, o pojemności kąt styku θ = ***1,8122 radiana***, uzyskany przez nie przy zmianie przyśpieszenia Grawitacja.

1- *g=980cm/sec2*, 2 - *g=196cm/sec2*, 3 - *g=1764cm/sec2*.

Uzyskany wniosek został w pełni doświadczalnie udowodniony w trakcie badań przeprowadzonych na pokładzie samolotu w laboratorium lotniczym. (FL) IL-76K [37].

Na klatkach filmowania rysunku 29, uzyskanych w trakcie prób w locie, pokazano pęcherzyki gazu o objętości ***V = 2,05cm³***, umocowane na różnych powierzchniach materiału stałego, w warunkach krótkotrwałej nieważkości.

Zamocowanie pęcherzyków tej objętości na powierzchniach materiału stałego w warunkach ziemskich jest praktycznie niemożliwe

Uzyskane w ten sposób wyniki obliczeń numerycznych opracowanego modelu komputerowego, sprawdzone doświadczalnie w procesie prowadzonych badań statku powietrznego na pokładzie latającego laboratorium (FL) IL-76K, pokazały rzeczywistą pracę modelu i możliwość jego praktycznego wykorzystania do symulacji zachowania się rzeczywistych pęcherzyków lub kropli cieczy o szerokim zakresie β w rzeczywistych warunkach krótkotrwałej nieważkości i przeciążeń statku powietrznego, co odgrywa istotną rolę w procesach chemiczno-inżynieryjnych, które zachodzą w systemach podtrzymywania życia i zasilania automatycznego statku kosmicznego.

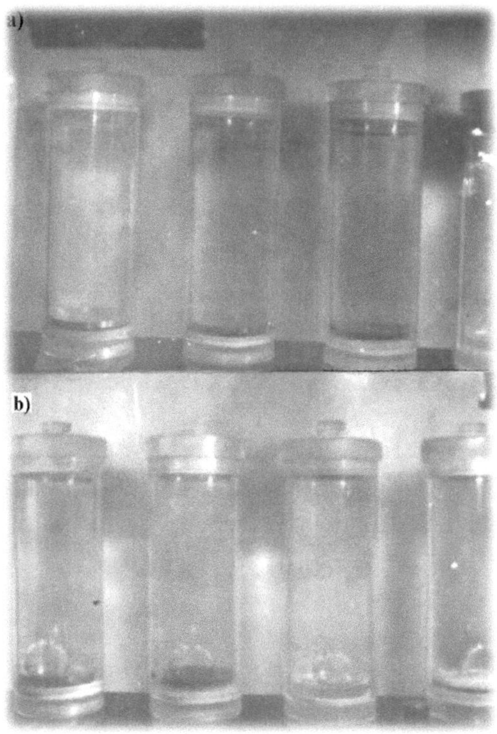

Rysunek 29

Ramki filmowania mocowania pęcherzyków powietrza o objętości $V \approx 2cm^3$ na różnych powierzchnie materiałów stałych w warunkach krótkotrwałych reżimów nieważkości.

a) $g = 980cm/sec^2$, b) $g = 0$.

2.2 Komputerowe modelowanie zachowania się bańki gazowej, stałe na powierzchni materiału stałego, pod jednocześnie zmiana przyspieszenia grawitacji, napięcie powierzchniowe na granica odcinka faz gazu płynnego i kontaktu Kąt.

W chwili obecnej, rzeczywistością jest sformułowanie zadania kontroli poprzez postać pęcherzyków gazu, umocowanych na powierzchni materiału stałego, w warunkach małej grawitacji i nieważkości, z wykorzystaniem zmiany napięcia powierzchniowego na granicy odcinka faz ciecz-gaz i kąta kontaktu.

Pilność tego zadania polega na tym, że opracowanie nowych metod kontroli w postaci pęcherzyków gazu, a tym samym wartości powstałej siły, która zatrzymuje je na powierzchni materiału stałego, pozwoli na znalezienie metod rozwiązania wielu poważnych problemów technologicznych, które pojawiają się w warunkach lotu kosmicznego, takich jak odgazowanie, usuwanie szkodliwych stałych zanieczyszczeń organicznych ze specjalnych płynów i paliwa.

W związku z tym, dla potrzeb opracowania sterowania za pomocą postaci pęcherzyka gazowego, zamocowanego na powierzchni materiału stałego, w warunkach małej grawitacji i nieważkości, ze zmianą napięcia powierzchniowego na granicy odcinka faz ciecz-gaz oraz kąta zwilżania kontaktowego, postawiono zadanie skonstruowania odpowiedniego modelu fizycznego zachowania się pęcherzyka w tym przypadku oraz opracowania algorytmu obliczeń numerycznych tego modelu na komputerze.

Formułowanie modelu

1. Zachowanie pęcherzyka gazowego (kropla), umocowanego na powierzchni materiału stałego, jest następujące
rozważane w warunkach izotermicznych, izobarycznych.

2. Płyn jest uważany za nieściśliwy, tzn. $d\rho f/dt = 0$, a zatem zgodnie z normą prawo zachowania masy, objętość pęcherzyka gazu jest stała.

3. Zachowanie bańki gazowej, która jest pod działaniem tylko sił grawitacji i napięcia powierzchniowego, jest brany pod uwagę: siły zewnętrzne są nieobecne.

4. Zmiany napięcia powierzchniowego na granicy odcinka fazy płynu-gaz i przyspieszenia grawitacyjne prowadzą do jednoczesnej zmiany formy pęcherz gazowy i jego kąt zwilżalności kontaktowej.

W obecnym modelu wpływ jednoczesnych zmian przyspieszenia grawitacyjnego, napięcia powierzchniowego na granicy odcinka fazy gaz-ciecz na postać pęcherzyka gazowego i jego kąt zwilżalności stykowej, są rozpatrywane w następujący sposób.

Przy zmianie przyspieszenia grawitacji zmiana parametru $\beta = \rho f\ gb^2/\sigma 12$, o zmienioną wartość, przy czym określa się wartość jednej ze współrzędnych (***X*** lub ***Z***) profilu postaci pęcherzyka gazu, która odpowiada nowej wartości przyspieszenia ***g***.

Ponadto, zgodnie z prawem zachowania masy, oblicza się inną współrzędną profilu postaci pęcherzyka gazowego, co powoduje, że wartość objętości pęcherzyka odpowiadająca poprzedniej wartości przyspieszenia ***g*** i nowej, zbiegła się.

Następnie zmienia się napięcie powierzchniowe na granicy odcinka fazy gaz płynny-gaz. W tym przypadku zmienia się parametr β, o zmienioną wartość, której wartość jednej ze współrzędnych profilu postaci bańki odpowiada nowej wartości σ12.

Zgodnie z prawem zachowania masy, oblicza się inną współrzędną profilu postaci pęcherzyka, dzięki czemu wartości objętości pęcherzyka odpowiadające poprzednim wartościom przyspieszenia grawitacji i napięcia powierzchniowego σ12 oraz nowej wartości σ12 pokrywały się.

Wpływ zmiany napięcia powierzchniowego na granicy odcinka fazy ciecz-gaz na wartość kąta zwilżalności styku pęcherzyka określa wzór (1.2.1).

Kąt zwilżalności kontaktowej pęcherzyka, zamocowanego na powierzchni materiału stałego, przy zmianie przyspieszenia grawitacyjnego, nie ulega zmianie.

Proponowany model pozwala na numeryczne określenie zdolności kontrolnej postaci pęcherzyka gazu, a tym samym siły wynikowej, która utrzymuje go na powierzchni materiału stałego, przy zastosowaniu zmiany napięcia powierzchniowego na granicy odcinka fazy gaz płynny-gaz w warunkach małej grawitacji i nieważkości.

Schemat blokowy obliczeń numerycznych modelu na komputerze przedstawiono na rysunku 30.

Obliczenia wykonuje się w następujący sposób:

1. Wprowadza się warunki wstępne: ***MI*** - liczba punktów, ρfl - gęstość

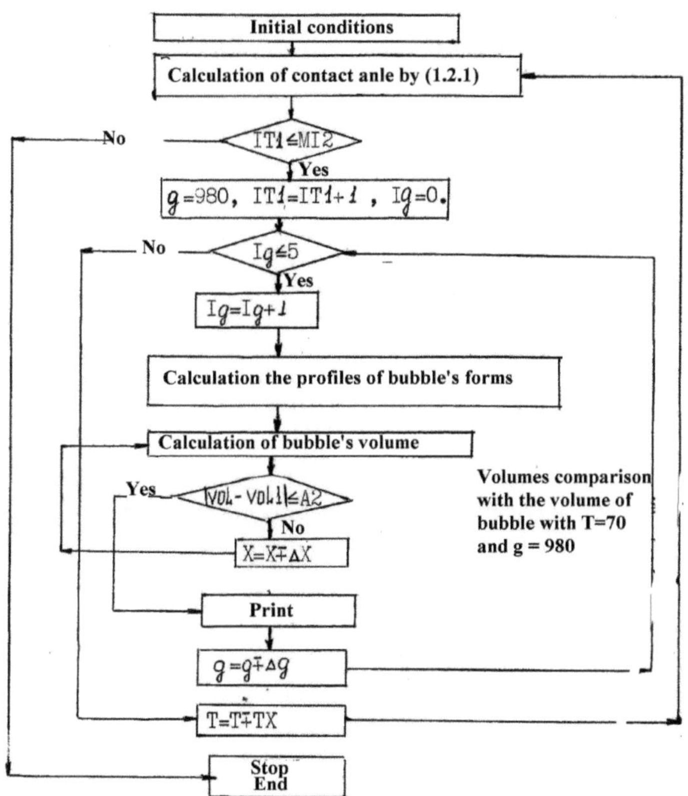

Rysunek 30
Blok - schemat numerycznego obliczenia modelu zachowania się pęcherzyka gazu, umocowanego na powierzchni materiału stałego z jednoczesną zmianą napięcia powierzchniowego na granicy odcinka faza-ciecz-gaz i przyspieszeniem grawitacji.

płynu, $g = 980sm/sec^2$ - ziemskie przyspieszenie grawitacji, b = B1- the współczynnik normalizujący; σ12 = ***T*** - współczynnik napięcia powierzchniowego na granicy
odcinek fazy gaz płynny-gaz; ***PR7*** - wartość, która określa styk
kąt według wzoru (1.2.1), β = ***B*** - parametr fizyczny; ***TX*** - stopień
przyrost napięcia powierzchniowego σ12, ***A2*** - dokładność regulacji
objętość, ***A3*** - stopień przyrostu β.

Wydruk wstępnych danych wejściowych programu dla pęcherzyka gazowego z β > ***0,*** współczynnik napięcia powierzchniowego na granicy odcinka fazy
ciecz - gaz σ12 = ***70Dyne/cm***, przez kąt styku θ = ***1,6053 radiana*** oraz przez
Objętość ***2,05 cm3*** na ekranie komputera przedstawiono na rysunku 31.

2. Następnie należy obliczyć współrzędne profilu postaci bańki, jego powierzchni bocznej kwadratu, objętości i sił, które utrzymują go na powierzchni
materiału stałego z jednoczesną zmianą przyspieszenia grawitacyjnego, a także
powstaje napięcie powierzchniowe i kąt zwilżalności stykowej.

To wyliczenie przewiduje dwa przypadki.

Sprawa 1. Zmniejszenie współczynnika napięcia powierzchniowego o krok ***TX*** i zwiększenie kąta zwilżalności styku θ o wzór (1.2.1).

1. Po pierwsze, obliczenie współrzędnych profilu postaci bańka, jej kwadrat powierzchni bocznej i siły, które utrzymują ją na powierzchni
materiału stałego pod wpływem zmiany przyspieszenia grawitacyjnego
$g = 980cm/sec^2$ do $g = 196cm/sec^2$ i od $g = 980cm/sec^2$ do
$g = 1960cm/sec^2$ jest produkowany z dokładnością do zatrzymania
objętość bańki, na przykład ***A2 = 0,001*** dla stałej wartości
współczynnik napięcia powierzchniowego σ12 i zwilżalności stykowej
kąt θ.

Wydruk obliczenia programu dla pęcherzyka gazowego z współczynnik napięcia powierzchniowego na granicy odcinka
faza ciekła - gaz σ12 = ***70Dyne/cm***, według kąta natarcia

θ = 1,6053 radiana i o objętości ***2,05 cm3*** w punktach zmiana przyspieszenia ***grawitacji g = 980 cm/sec²*** oraz ***196cm/sec²*** na ekranie komputera jest przedstawione na rysunkach 32, 33.

Po tym, operacja zmniejszania σ12 jest wytwarzana o krok ***TX,*** co prowadzi do jednoczesnego zwiększenia kąta zwilżalności styku, zgodnie z równaniem (1.2.1), oraz do zwiększenia parametru

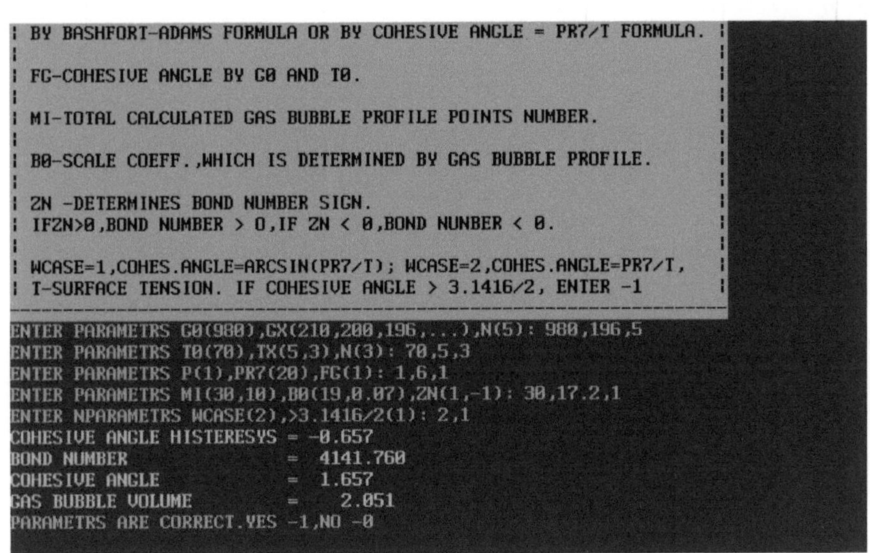

Rysunek 31

Wydruk danych wejściowych programu dla pęcherzyka gazu o współczynniku β > *0 o* współczynniku napięcie powierzchniowe na granicy przekroju faz ciecz - gaz σ12 = ***70Dyne/cm***, przez kąt styku θ = ***1,6053 radiana*** i objętość ***2,05 cm3*** na ekranie komputera.

GRAVITY	SURFACE TENSION	GAS BUBBLE VOLUME
980	70	2.0510

F	X	Z	P	X/SIN(F)
+0.05121	+0.56353	+0.01214	+5.28349	+11.00918
+0.10242	+0.77223	+0.02885	+2.65892	+7.55307
+0.15363	+0.90409	+0.04754	+1.69636	+5.90805
+0.20484	+1.00862	+0.06986	+1.17873	+4.95854
+0.25605	+1.08357	+0.09199	+0.90256	+4.27849
+0.30726	+1.15778	+0.12123	+0.68744	+3.82804
+0.35847	+1.21343	+0.15001	+0.55561	+3.45863
+0.40968	+1.25665	+0.17829	+0.46674	+3.15493
+0.46089	+1.29084	+0.20600	+0.40293	+2.90243
+0.51210	+1.31805	+0.23308	+0.35498	+2.68985
+0.56331	+1.33964	+0.25946	+0.31772	+2.50876
+0.61452	+1.35658	+0.28507	+0.28800	+2.35287
+0.66573	+1.36957	+0.30986	+0.26379	+2.21745
+0.71694	+1.37914	+0.33376	+0.24374	+2.09890
+0.76815	+1.38572	+0.35671	+0.22690	+1.99441
+0.81936	+1.38966	+0.37866	+0.21260	+1.90181
+0.87057	+1.39125	+0.39956	+0.20034	+1.81936
+0.92178	+1.39074	+0.41935	+0.18974	+1.74568
+0.97299	+1.38836	+0.43799	+0.18053	+1.67966
+1.02420	+1.38429	+0.45544	+0.17246	+1.62038
+1.07541	+1.37872	+0.47167	+0.16538	+1.56711
+1.12662	+1.37181	+0.48662	+0.15914	+1.51923
+1.17783	+1.36373	+0.50029	+0.15363	+1.47626
+1.22904	+1.35462	+0.51265	+0.14876	+1.43777
+1.28025	+1.34461	+0.52367	+0.14444	+1.40343
+1.33146	+1.33384	+0.53334	+0.14062	+1.37298
+1.38267	+1.32244	+0.54165	+0.13726	+1.34619
+1.43388	+1.31054	+0.54861	+0.13430	+1.32292
+1.48509	+1.29824	+0.55420	+0.13171	+1.30302
+1.53630	+1.28567	+0.55844	+0.12947	+1.28644

AT FINISHED BUBBLE PROFLE POINT: F X, Z

+1.53630 +1.28567 +0.55844

SIDE SURFACE		CONTACT SQUARE
+13.83541		+5.19293
GAS BUBBLE VOLUME		CALCULATED GAS BUBBLE VOLUME
+2.05103		+2.05103
ARHIMED FORCE	SURFACE TENSION FORCE	LAPLASS FORCE
+2010.008	+565.134	+2841.940
RESULTED FORCE		
-266.799		

Rysunek 32

Wydruk obliczenia programu dla pęcherzyka gazu o współczynniku powierzchni napięcie na granicy odcinka fazy ciekłej - gazowej $\sigma12$ = ***70Dyne/cm***, przez styk kąt θ = ***1,6053 radiana*** i o objętości ***2,05cm3*** z przyspieszeniem grawitacyjnym ***g = 980cm/sec***^{2}

GRAVITY	SURFACE TENSION	GAS BUBBLE VOLUME
196	70	2.0510

F	X	Z	P	X/SIN(F)
+0.05121	-0.82150	+0.01729	+10.54648	-16.04890
+0.10242	-0.37689	+0.05162	+5.90678	-3.68633
+0.15363	-0.08044	+0.09267	+3.84305	-0.52567
+0.20484	+0.15720	+0.14262	+2.68294	+0.77284
+0.25605	+0.32804	+0.19244	+2.05548	+1.29527
+0.30726	+0.49721	+0.25844	+1.56454	+1.64397
+0.35847	+0.62402	+0.32351	+1.26324	+1.77865
+0.40968	+0.72247	+0.38745	+1.06015	+1.81382
+0.46089	+0.80029	+0.45010	+0.91434	+1.79945
+0.51210	+0.86221	+0.51131	+0.80484	+1.75959
+0.56331	+0.91136	+0.57093	+0.71976	+1.70671
+0.61452	+0.94991	+0.62880	+0.65190	+1.64754
+0.66573	+0.97949	+0.68479	+0.59664	+1.58588
+0.71694	+1.00131	+0.73876	+0.55086	+1.52388
+0.76815	+1.01635	+0.79056	+0.51240	+1.46279
+0.81936	+1.02541	+0.84009	+0.47972	+1.40331
+0.87057	+1.02915	+0.88721	+0.45168	+1.34583
+0.92178	+1.02815	+0.93182	+0.42743	+1.29055
+0.97299	+1.02291	+0.97381	+0.40629	+1.23753
+1.02420	+1.01389	+1.01309	+0.38778	+1.18681
+1.07541	+1.00149	+1.04959	+0.37148	+1.13834
+1.12662	+0.98610	+1.08322	+0.35707	+1.09207
+1.17783	+0.96808	+1.11394	+0.34430	+1.04796
+1.22904	+0.94775	+1.14167	+0.33296	+1.00593
+1.28025	+0.92545	+1.16640	+0.32287	+0.96593
+1.33146	+0.90147	+1.18808	+0.31389	+0.92792
+1.38267	+0.87610	+1.20671	+0.30591	+0.89184
+1.43388	+0.84964	+1.22228	+0.29882	+0.85766
+1.48509	+0.82234	+1.23481	+0.29256	+0.82537
+1.53630	+0.79449	+1.24431	+0.28704	+0.79496

AT FINISHED BUBBLE PROFLE POINT: F X, Z

+1.53630 +0.79449 +1.24431

SIDE SURFACE +9.61163 — CONTACT SQUARE +1.98301

GAS BUBBLE VOLUME +2.05103 — CALCULATED GAS BUBBLE VOLUME +2.05691

ARHIMED FORCE +402.002 — SURFACE TENSION FORCE +349.226 — LAPLASS FORCE +483.624

RESULTED FORCE +267.604

Rysunek 33

Wydruk obliczenia programu dla pęcherzyka gazu o współczynniku powierzchni napięcie na granicy odcinka fazy ciekłej - gazowej σ12 = ***70Dyne/cm***, przez styk kąt θ = ***1,6053 radiana*** i o objętości ***2,05cm3*** z przyspieszeniem grawitacyjnym ***g = 196cm/sec²***.

β, których zmienione wartości zastępują wzory na określenie współrzędnych ***X/b*** i ***Z/b***.

2. Dalej, z dokładnością np. ***A2 = 0,001***, regulacja ***VOL*** i ***VOL1***, które odpowiadają podanym wartościom σ12 i θ, a do zmienionych wartości σ12 - ***TX*** i θ + ***Δθ*** wytwarza się, przez wzrost wartości β i, odpowiednio, współrzędnej ***Z /b***, z krok, na przykład, ***A3 = 0,001*** do tego momentu, kiedy wartość woluminów ***VOL*** i ***VOL1*** będą zbieżne.

W tym przypadku współrzędna ***X/b nie*** zmienia się i odpowiada do zmienionych wartości β i θ.

3. Następnie należy obliczyć współrzędne profilu profilu forma pęcherzyka, jego powierzchnia boczna kwadratowa i siły, które utrzymują go na powierzchnia materiału stałego pod wpływem zmiany przyspieszenia ***g = 980cm/sec²*** do ***g = 196cm/sec²*** i od ***g = 980cm/sec²*** do ***g = 1784cm/sec²*** jest produkowany z dokładnością do zatrzymanie objętości bąbelków, na przykład ***A2 =0,01*** dla wartości σ12 - ***TX*** i θ + ***Δθ***.

Opisana operacja jest powtarzana kilka razy.

Wydruk obliczenia programu dla pęcherzyka gazowego z współczynnik napięcia powierzchniowego na granicy odcinka faza ciekła - gaz o wartości σ12 = ***65Dyne/cm***, według kąta natarcia ***θ = 1,61223 radiana*** i o objętości ***2,05 cm3*** w punktach zmiana przyspieszenia ***grawitacji g = 980cm/sec²*** oraz ***g = 196 cm/sec²*** na ekranie komputera jest reprezentowany na Rysunki 34, 35.

Sprawa 2. Wzrost współczynnika napięcia powierzchniowego σ12 ze stopniem ***TX*** i spadek kąta zwilżalności styku θ według wzór (1.2.1).

Przypadek 2 przeprowadzony analogicznie do przypadku 1, tylko zamiast zmniejszenia ***σ12*** i wzrost θ jest wytwarzany wzrost σ12 i spadek θ.

Wydruk obliczenia programu dla pęcherzyka gazowego z współczynnik napięcia powierzchniowego na granicy odcinka

GRAVITY	SURFACE TENSION	GAS BUBBLE VOLUME
980	65	2.0510

F	X	Z	P	X/SIN(F)
+0.05098	+0.59435	+0.01088	+5.41929	+11.66307
+0.10196	+0.80419	+0.02690	+2.64967	+7.90059
+0.15295	+0.93432	+0.04483	+1.67233	+6.13263
+0.20393	+1.03669	+0.06625	+1.15532	+5.11895
+0.25491	+1.10981	+0.08748	+0.88191	+4.40120
+0.30589	+1.18204	+0.11553	+0.67009	+3.92514
+0.35688	+1.23615	+0.14315	+0.54077	+3.53843
+0.40786	+1.27817	+0.17030	+0.45381	+3.22245
+0.45884	+1.31141	+0.19691	+0.39147	+2.96090
+0.50982	+1.33790	+0.22291	+0.34469	+2.74145
+0.56081	+1.35895	+0.24826	+0.30836	+2.55504
+0.61179	+1.37550	+0.27288	+0.27940	+2.39495
+0.66277	+1.38824	+0.29671	+0.25583	+2.25618
+0.71375	+1.39767	+0.31970	+0.23631	+2.13490
+0.76474	+1.40422	+0.34180	+0.21993	+2.02820
+0.81572	+1.40822	+0.36294	+0.20602	+1.93379
+0.86670	+1.40995	+0.38308	+0.19409	+1.84985
+0.91768	+1.40966	+0.40218	+0.18379	+1.77494
+0.96867	+1.40755	+0.42017	+0.17482	+1.70791
+1.01965	+1.40381	+0.43704	+0.16698	+1.64781
+1.07063	+1.39863	+0.45274	+0.16010	+1.59387
+1.12161	+1.39215	+0.46723	+0.15403	+1.54545
+1.17260	+1.38453	+0.48050	+0.14867	+1.50205
+1.22358	+1.37590	+0.49251	+0.14392	+1.46322
+1.27456	+1.36641	+0.50325	+0.13972	+1.42863
+1.32554	+1.35617	+0.51271	+0.13600	+1.39800
+1.37653	+1.34531	+0.52087	+0.13272	+1.37110
+1.42751	+1.33395	+0.52773	+0.12984	+1.34776
+1.47849	+1.32220	+0.53330	+0.12731	+1.32785
+1.52947	+1.31017	+0.53756	+0.12512	+1.31129

AT FINISHED BUBBLE PROFLE POINT: F X, Z

+1.52947 +1.31017 +0.53756

SIDE SURFACE		CONTACT SQUARE
+13.97246		+5.39273
GAS BUBBLE VOLUME		CALCULATED GAS BUBBLE VOLUME
+2.05103		+2.04304
ARHIMED FORCE	SURFACE TENSION FORCE	LAPLASS FORCE
+2010.008	+534.628	+2840.952
RESULTED FORCE		
-296.316		

Rysunek 34

Wydruk obliczenia programu dla pęcherzyka gazu o współczynniku powierzchni napięcie na granicy przekroju faz ciecz - gaz $\sigma 12$ = ***65Dyne/cm***, o kąt kontaktu θ = ***1,61223 radiana*** i o objętości ***2,05 cm3*** w punkcie przyspieszenia ***grawitacja g = 980 cm/сек²***

GRAVITY	SURFACE TENSION	GAS BUBBLE VOLUME
196	65	2.0510

F	X	Z	P	X/SIN(F)
+0.05098	-0.73703	+0.01713	+10.27807	-14.46271
+0.10196	-0.30744	+0.05031	+5.71716	-3.02037
+0.15295	-0.02198	+0.08977	+3.71522	-0.14424
+0.20393	+0.20674	+0.13772	+2.59318	+1.02084
+0.25491	+0.37117	+0.18552	+1.98679	+1.47196
+0.30589	+0.53405	+0.24883	+1.51240	+1.77338
+0.35688	+0.65620	+0.31124	+1.22125	+1.87834
+0.40786	+0.75109	+0.37258	+1.02497	+1.89360
+0.45884	+0.82615	+0.43269	+0.88405	+1.86528
+0.50982	+0.88594	+0.49143	+0.77820	+1.81535
+0.56081	+0.93345	+0.54866	+0.69595	+1.75503
+0.61179	+0.97078	+0.60422	+0.63034	+1.69027
+0.66277	+0.99949	+0.65799	+0.57690	+1.62438
+0.71375	+1.02075	+0.70984	+0.53263	+1.55916
+0.76474	+1.03549	+0.75963	+0.49544	+1.49563
+0.81572	+1.04449	+0.80725	+0.46384	+1.43431
+0.86670	+1.04837	+0.85258	+0.43671	+1.37546
+0.91768	+1.04770	+0.89553	+0.41325	+1.31919
+0.96867	+1.04294	+0.93598	+0.39280	+1.26550
+1.01965	+1.03454	+0.97386	+0.37489	+1.21436
+1.07063	+1.02289	+1.00908	+0.35911	+1.16569
+1.12161	+1.00836	+1.04157	+0.34517	+1.11940
+1.17260	+0.99128	+1.07128	+0.33281	+1.07542
+1.22358	+0.97197	+1.09815	+0.32183	+1.03366
+1.27456	+0.95074	+1.12216	+0.31206	+0.99404
+1.32554	+0.92788	+1.14326	+0.30336	+0.95650
+1.37653	+0.90367	+1.16144	+0.29563	+0.92100
+1.42751	+0.87838	+1.17671	+0.28877	+0.88747
+1.47849	+0.85226	+1.18906	+0.28269	+0.85591
+1.52947	+0.82558	+1.19852	+0.27735	+0.82628

AT FINISHED BUBBLE PROFLE POINT: F X, Z

+1.52947 +0.82558 +1.19852

SIDE SURFACE
+10.16866

CONTACT SQUARE
+2.14125

GAS BUBBLE VOLUME
+2.05103

CALCULATED GAS BUBBLE VOLUME
+2.05920

ARHIMED FORCE
+402.002

SURFACE TENSION FORCE
+336.885

LAPLASS FORCE
+503.002

RESULTED FORCE
+235.884

Rysunek 35

Wydruk obliczenia programu dla pęcherzyka gazu o współczynniku powierzchni napięcie na granicy przekroju faz ciecz - gaz σ12 = ***65Dyne/cm***, o kąt kontaktu θ = ***1,61223 radiana*** i o objętości ***2,05 cm3*** w punkcie przyspieszenia ***grawitacja g = 196cm/sec²***

faza ciekła - gaz σ12 =***75Dyne/cm***, wg kąta natarcia ***θ = 1,61223 radiana*** i o objętości ***2,05 cm3*** w punktach zmiany ***przyspieszenie grawitacji g = 980 cm/sec²*** i ***g = 196 cm/sec²*** na Ekran komputera jest przedstawiony na rysunkach 36, 37.

Program obliczeń numerycznych modelu został zrealizowany na FORTRAN 77 i C.

Czas liczenia programu na komputerze osobistym nie przekracza 1 minuty.

Przeprowadzone obliczenia numeryczne modelu komputerowego wykazały, że dla pęcherzyków o β > ***0,*** prawa, regulujące zachowanie się ich formy przy zmianie napięcia powierzchniowego na granicy odcinka faz ciecz-gaz oraz kąta zwilżania kontaktowego w warunkach małej grawitacji, obejmują: przy wzroście σ12 wzrost wysokości pęcherzyka i zmniejszenie obwodu jego mocowania na powierzchni materiału stałego.

Wraz ze zmniejszeniem się σ12 następuje obniżenie wysokości pęcherzyka, zwiększenie kąta zwilżalności styku i zwiększenie obwodu jego mocowania na powierzchni materiału stałego.

Rysunek 38 (a, b, c) przedstawia graficznie profile form pęcherzyków gazu o objętości ***2,05cm3*** , uzyskane przez nie przy jednoczesnej zmianie współczynnika napięcia powierzchniowego na granicy odcinka fazy ciecz - gaz, kąta zwilżalności stykowej i przyspieszenia grawitacji.

Rysunek 38 pokazuje, że wraz ze spadkiem napięcia powierzchniowego z σ12=70Dyne/cm do σ12=65Dyne/cm w warunkach przyspieszenia ***grawitacji g=196cm/sec2***, następuje obniżenie wysokości pęcherzyka z ***Z=1,244cm*** do ***Z=1.200cm***, wzrost kąta zwilżalności styku z θ=1,***605radiana*** do θ=1,***622radiana*** oraz wzrost obwodu mocowania pęcherzyka na powierzchni materiału stałego z ***X=0,794cm*** do ***X=0,826cm***.

Ze wzrostem σ12 z σ12=70Dyne/cm do σ12=65Dyne/cm, w warunkach przyspieszenia ***grawitacji g=196cm/sec2***, następuje wzrost wysokości pęcherzyka z ***Z=1,244cm*** do ***Z=1,288cm***, zmniejszenie kąta zwilżalności styku z θ=1,***605radiana*** do θ=1,***599radiana*** oraz zmniejszenie obwodu mocowania pęcherzyka na powierzchni materiału stałego z ***X=0,794cm*** do ***X=0,766cm***.

	GRAVITY	SURFACE TENSION		GAS BUBBLE VOLUME
	980	75		2.0510
F	X	Z	P	X/SIN(F)
+0.05141	+0.51915	+0.01250	+5.43412	+10.10331
+0.10281	+0.73493	+0.02984	+2.74111	+7.16074
+0.15422	+0.87140	+0.04926	+1.74959	+5.67283
+0.20563	+0.97962	+0.07247	+1.21589	+4.79778
+0.25703	+1.05721	+0.09547	+0.93106	+4.15875
+0.30844	+1.13401	+0.12585	+0.70917	+3.73554
+0.35985	+1.19158	+0.15577	+0.57317	+3.38391
+0.41126	+1.23628	+0.18515	+0.48151	+3.09256
+0.46266	+1.27161	+0.21394	+0.41568	+2.84902
+0.51407	+1.29970	+0.24207	+0.36623	+2.64315
+0.56548	+1.32197	+0.26946	+0.32779	+2.46721
+0.61688	+1.33942	+0.29605	+0.29713	+2.31535
+0.66829	+1.35276	+0.32178	+0.27216	+2.18313
+0.71970	+1.36256	+0.34658	+0.25149	+2.06713
+0.77110	+1.36926	+0.37039	+0.23412	+1.96471
+0.82251	+1.37322	+0.39315	+0.21938	+1.87379
+0.87392	+1.37474	+0.41480	+0.20674	+1.79272
+0.92532	+1.37409	+0.43530	+0.19581	+1.72016
+0.97673	+1.37149	+0.45460	+0.18631	+1.65504
+1.02814	+1.36715	+0.47265	+0.17800	+1.59650
+1.07955	+1.36125	+0.48942	+0.17070	+1.54382
+1.13095	+1.35398	+0.50486	+0.16427	+1.49641
+1.18236	+1.34549	+0.51896	+0.15860	+1.45380
+1.23377	+1.33594	+0.53168	+0.15357	+1.41558
+1.28517	+1.32546	+0.54301	+0.14913	+1.38143
+1.33658	+1.31421	+0.55293	+0.14520	+1.35110
+1.38799	+1.30231	+0.56143	+0.14174	+1.32438
+1.43939	+1.28990	+0.56852	+0.13870	+1.30111
+1.49080	+1.27709	+0.57418	+0.13604	+1.28119
+1.54221	+1.26401	+0.57844	+0.13374	+1.26453

```
AT FINISHED BUBBLE PROFLE POINT:          F        X,       Z
                                    +1.54221 +1.26401 +0.57844
        SIDE SURFACE                           CONTACT SQUARE
         +13.77784                                   +5.01943
     GAS BUBBLE VOLUME               CALCULATED GAS BUBBLE VOLUME
         +2.05103                                    +2.06009
       ARHIMED FORCE       SURFACE TENSION FORCE     LAPLASS FORCE
        +2010.008                 +595.410              +2845.347
      RESULTED FORCE
         -239.929
```

Rysunek 36

Wydruk obliczenia programu dla pęcherzyka gazu o współczynniku powierzchni napięcie na granicy przekroju faz ciecz - gaz σ12 = ***75Dyne/cm***, o kąt kontaktu θ = ***1,59939 radiana*** i o objętości ***2,05 cm3*** w punkcie przyspieszenia ***grawitacja g = 980cm/sec²***

GRAVITY	SURFACE TENSION	GAS BUBBLE VOLUME
196	75	2.0510

F	X	Z	P	X/SIN(F)
+0.05141	-0.89779	+0.01763	+10.74942	-17.47209
+0.10281	-0.44072	+0.05308	+6.07048	-4.29414
+0.15422	-0.13451	+0.09564	+3.95845	-0.87568
+0.20563	+0.11128	+0.14751	+2.76586	+0.54502
+0.25703	+0.28805	+0.19928	+2.11971	+1.13312
+0.30844	+0.46311	+0.26786	+1.61374	+1.52553
+0.35985	+0.59429	+0.33547	+1.30309	+1.68770
+0.41126	+0.69610	+0.40191	+1.09365	+1.74128
+0.46266	+0.77652	+0.46700	+0.94328	+1.73977
+0.51407	+0.84045	+0.53059	+0.83034	+1.70919
+0.56548	+0.89114	+0.59250	+0.74259	+1.66314
+0.61688	+0.93085	+0.65259	+0.67260	+1.60908
+0.66829	+0.96123	+0.71071	+0.61560	+1.55127
+0.71970	+0.98358	+0.76671	+0.56838	+1.49218
+0.77110	+0.99889	+0.82045	+0.52872	+1.43328
+0.82251	+1.00800	+0.87179	+0.49502	+1.37544
+0.87392	+1.01160	+0.92063	+0.46611	+1.31916
+0.92532	+1.01028	+0.96683	+0.44109	+1.26472
+0.97673	+1.00457	+1.01030	+0.41930	+1.21226
+1.02814	+0.99494	+1.05093	+0.40021	+1.16185
+1.07955	+0.98182	+1.08865	+0.38340	+1.11350
+1.13095	+0.96561	+1.12337	+0.36855	+1.06718

+1.18236	+0.94667	+1.15504	+0.35539	+1.02288
+1.23377	+0.92537	+1.18360	+0.34370	+0.98054
+1.28517	+0.90203	+1.20902	+0.33330	+0.94012
+1.33658	+0.87697	+1.23126	+0.32404	+0.90159
+1.38799	+0.85050	+1.25031	+0.31582	+0.86491
+1.43939	+0.82291	+1.26617	+0.30852	+0.83007
+1.49080	+0.79449	+1.27886	+0.30207	+0.79704
+1.54221	+0.76551	+1.28839	+0.29640	+0.76582

AT FINISHED BUBBLE PROFLE POINT: F X, Z
+1.54221 +0.76551 +1.28839

SIDE SURFACE		CONTACT SQUARE
+9.07154		+1.84099
GAS BUBBLE VOLUME		CALCULATED GAS BUBBLE VOLUME
+2.05103		+2.05859
ARHIMED FORCE	SURFACE TENSION FORCE	LAPLASS FORCE
+402.002	+360.591	+464.896
RESULTED FORCE		
+297.696		

Rysunek 37

Wydruk obliczenia programu dla pęcherzyka gazu o współczynniku powierzchni napięcie na granicy odcinka faz ciecz - gaz o wartości σ12 = ***75Dyne/cm***, przez kąt styku θ = ***1,59939 radiana*** i o objętość ***2,05cm3*** w punkcie ***przyspieszenie grawitacji g = 196cm/sec²***

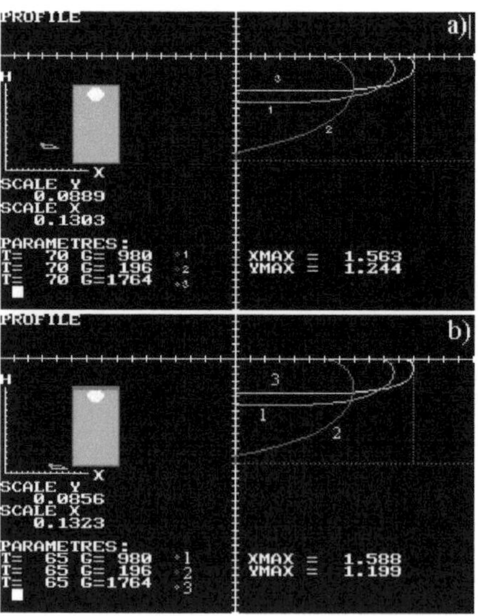

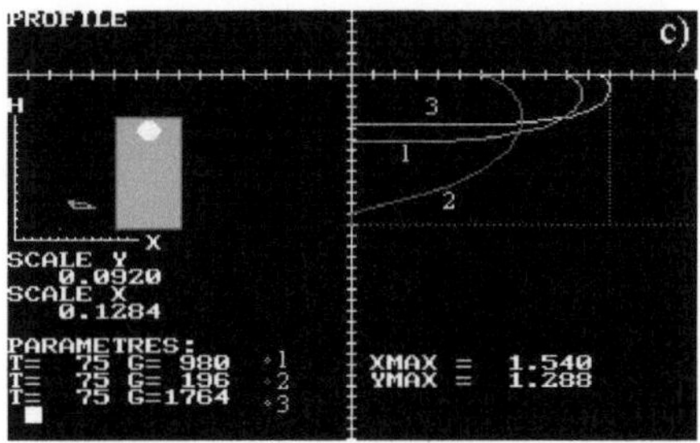

Rysunek 38

Profile form bąbelków gazowych o objętości ***2,05cm3***, o współczynniku napięcie powierzchniowe ***70Dyne/cm*** są przedstawione graficznie, uzyskane przez nią przy jednoczesnym zmiana współczynnika napięcia powierzchniowego na granicy odcinka cieczy fazowej - gaz, kontakt i przyspieszenie grawitacji.

a) 2- ***g=196cm/sec2***, ***T=70Dyne/cm***, ***X= 0,794cm*** i ***Z=1,244cm***, kąt kontaktu ***θ=1.605radian***;

b) 2- ***g=196cm/sec2***, ***T=65Dyne/cm***, ***X= 0,826cm*** i ***Z=1,199cm***, kąt styku ***θ=1.622radian***;

c) 2- ***g=196cm/sec2***, ***T=75Dyne/cm***, ***X= 0,766cm*** i ***Z=1,288cm***, kąt kontaktu ***θ = 1.599radian***;

Rysunek 39 przedstawia ramy pracy opracowanego programu komputerowego, który numerycznie symuluje profile form pęcherzyków gazu, poprzez objętość ***2.05 cm*** ^{3}, nabywana przez nie przy spadku napięcia powierzchniowego σ12 z ***70Dyne/cm*** do ***55Dyne/cm*** i wzroście σ12 z ***70Dyne/cm*** do ***85 Dyne/cm*** w warunkach ***g = 196cm/sec2*** (lub ***n = 0.2 un.***).

Rysunek 40 przedstawia ramy pracy opracowanego programu komputerowego, który numerycznie symuluje uzyskane teoretycznie profile form kropli wody, o objętości ***2,05cm***^{3}, przyjmowanych przez nie przy spadku σ12 z ***70Dyne/cm*** do ***55Dyne/cm*** i wzroście σ12 z ***70Dyne/cm*** do ***85Dyne/cm***, w warunkach ***g = 196cm/sec2*** (lub ***n = 0,2un.***).

Na zdjęciu z rysunku 41, uzyskanym w trakcie testów statku powietrznego, przedstawiono profile form pęcherzyków gazu, identyczne z profilami modelowymi i parametrami pęcherzyka z rysunku 39.

Przeprowadzona na komputerze analiza numeryczna uzyskanych profili form pęcherzyków gazowych wykazała, że wraz ze wzrostem σ12 w warunkach małej grawitacji kwadrat mocowania pęcherzyków na powierzchni materiału stałego zmniejsza się, a kwadrat jego powierzchni bocznej zwiększa.

Należy zauważyć, że w tym przypadku wzrost kwadratu mocowania bańki jest większy niż wzrost kwadratu powierzchni bocznej.

Obliczone zmiany kwadratów posłużyły do obliczenia przyrostu wspólnej zmiany energii powierzchniowej pęcherzyka gazu, który pojawia się pod zmianą współczynnika napięcia powierzchniowego σ12, w warunkach ***g = 196cm/sec2**, zgodnie ze* wzorem (2.1.1):

$$\Delta E = \sigma 12\ [\Delta S_{s.s.} + (Cos\theta) - \Delta S']\ (2.2.1)$$

Obliczenia wykazały, że wraz ze wzrostem współczynnika napięcia powierzchniowego σ12, w warunkach małej grawitacji następuje dodatkowe uwolnienie wspólnej energii powierzchniowej pęcherzyka.

Rysunek 42 przedstawia komputerowy wydruk numerycznego obliczenia wzrostu energii powierzchniowej wspólnego pęcherzyka gazu, a na rysunku 43 histogram wzrostu energii powierzchniowej wspólnego pęcherzyka gazu ze wzrostem współczynnika napięcia powierzchniowego σ12 z σ12 = ***65Dyne/cm*** do
σ12 = 70Dyne/cm, oraz ze wzrostem współczynnika napięcia powierzchniowego σ12 z σ12 = ***70Dyne/cm*** do σ12 = ***75 Dyne/cm*** w warunkach ***g = 196 cm/sec²*** na ekranie komputera.

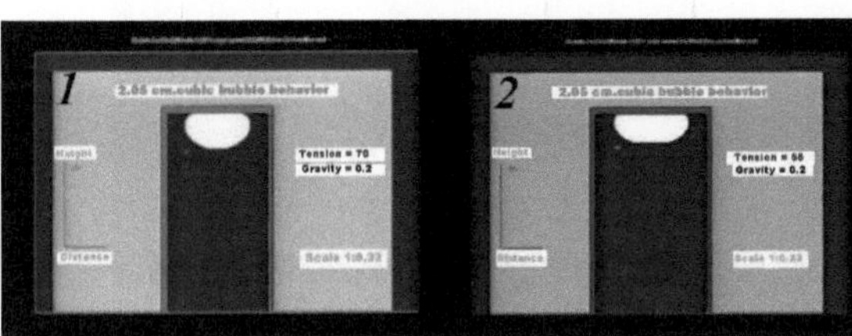

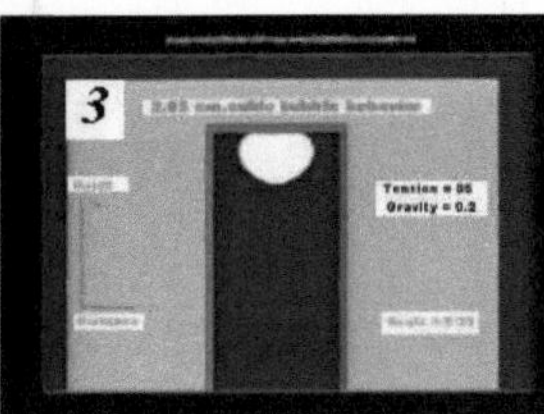

Rysunek 39

Ramki pracy opracowanego programu komputerowego, który symuluje profile form pęcherzyków gazu, o objętości ***2,05cm³***, pozyskane przez nie przy spadku σ12 z ***70 dynia/cm*** do ***55 dynia/cm*** i wzrost σ12 z ***70 dynia/cm*** do ***85 dynia/cm***, w warunkach ***g = 196cm/sec2*** (lub ***n = 0,2 un.***).

1. **σ12 =** ***70 dyne/cm,*** **θ =** ***1.605radian***;
2. ***σ12 = 55 dyne/cm, θ = 1,622radiana***;
3. ***σ12 = 85 dyne/cm,*** **θ =** ***1,599 radiana***.

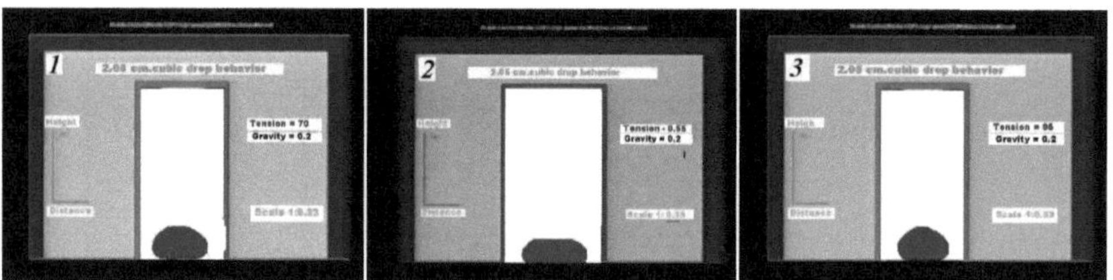

Rysunek 40

Ramki pracy opracowanego programu komputerowego, który symuluje profile form kropli wody, o objętości ***2,05cm³***, uzyskiwanych przez nie, przy spadku σ12 z ***70 Dyne/cm*** do ***55 Dyne/cm*** i wzroście σ12 z ***70 Dyne/cm*** do ***85Dyne/cm***, w warunkach ***g = 196cm/sec2*** (lub ***n = 0,2 un.***).

1. σ12 = ***70 dyne/cm***, θ = ***1,4287 radian***, 2. σ12 = ***55 dyne/cm***, θ = ***1,8478 radian***,
3. σ12 = ***85 dyne/cm***, θ = ***1,1574radian***.

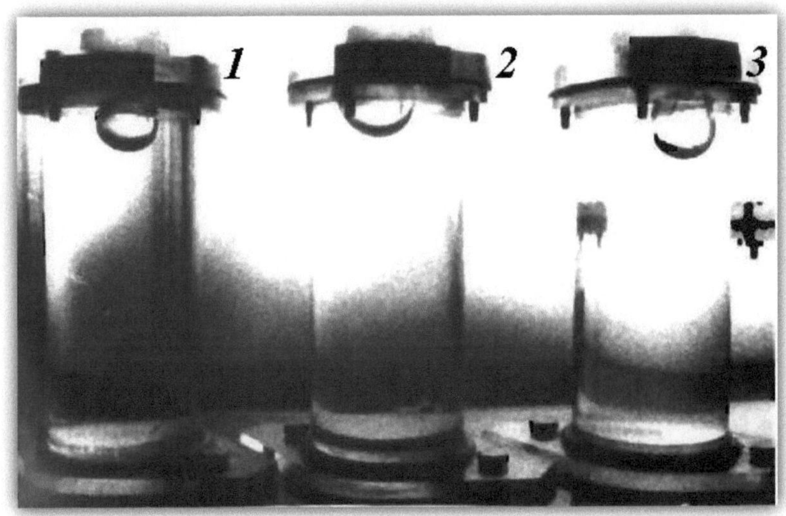

Rysunek 41

Rama filmowania, uzyskana w procesie przeprowadzonych testów samolotu, profili form pęcherzyka gazowego, o objętości ***2.05cm³***, pozyskanych przez nie, przy spadku σ12 z ***70 Dyne/cm*** do ***55 Dyne/cm*** i wzroście σ12 z ***70Dyne/cm*** do ***85Dyne/cm***, w warunkach ***g = 196cm/sec2*** (lub ***n = 0.2 un.***), identycznych jak w modelowaniu profili pęcherzyka gazowego Rysunek 38 (a).

1. σ12 = ***70Dyne/cm***, θ = ***1,4287radian***; 2. σ12 = ***55Dyne/cm***, θ = ***1,8478 radianów***;

3. σ12 = ***85Dyne/cm***, θ = ***1,1574 radiana***.

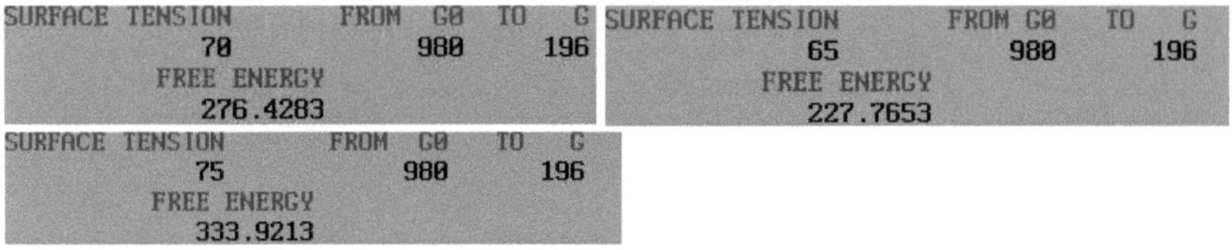

```
SURFACE TENSION        FROM G0    TO   G
     70                  980          196
     FREE ENERGY
      276.4283
```

```
SURFACE TENSION        FROM G0    TO   G
     65                  980          196
     FREE ENERGY
      227.7653
```

```
SURFACE TENSION        FROM G0    TO   G
     75                  980          196
     FREE ENERGY
      333.9213
```

Rysunek 42

Komputerowy wydruk numerycznego obliczenia przyrostu całkowitej zmiany energii powierzchniowej o pęcherzyk gazu ze wzrostem współczynnika napięcia powierzchniowego $\sigma 12$ od ***$\sigma 12$ = 65Dyne/cm*** do $\sigma 12$ = ***70Dyne/cm***, a wraz ze wzrostem współczynnika powierzchni napięcie $\sigma 12$ od $\sigma 12$ = ***70Dyne/cm*** do $\sigma 12$ = ***75Dyne/cm*** w warunkach ***g = 196cm/sec***^{2} na ekran komputera.

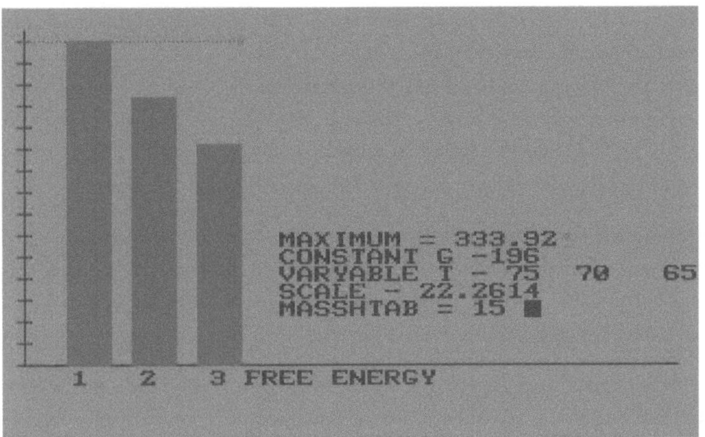

Rysunek 43

Komputerowy histogram numerycznego obliczenia przyrostu całkowitej powierzchni zmiana energii pęcherzyka gazu wraz ze wzrostem współczynnika napięcia powierzchniowego ***σ12*** od σ12 = ***65Dyne/cm*** do σ12 = ***70Dyne/cm*** i zwiększenie współczynnika powierzchni naprężenie ***σ12 om*** σ12 = ***70Dyne/cm*** do σ12 = ***75Dyne/cm*** w warunkach ***g = 196cm/secк2*** na ekran komputera.

1. σ12 = ***75Dyne/cm***; 2. σ12 = ***70Dyne/cm***; 3. σ12 = ***65Dyne/cm***.

Z rysunków 42, 43 wynika, że przy kolejnym wzroście współczynnika napięcia powierzchniowego na granicy odcinka faz ciecz - gaz z ***σ12 = 65Dyne/cm*** do σ12 = ***70Dyne/cm***, a od σ12 = ***70Dyne/cm*** do ***σ12 = 75Dyne/cm***, uwolniona wspólna energia powierzchniowa pęcherzyka gazowego rośnie kolejno od ΔE=227.***7653Erg*** do ΔE=276.***4283Erg***, a od ΔE=276.***4283Erg*** do ΔE=333.***9213Erg*** w warunkach mikrograwitacji (***g = 196cm/sec***^{2} lub ***n = 0.2un***.).

Tak więc, zastosowanie zmiany współczynnika napięcia powierzchniowego σ12 (działanie niepolarnych odczynników na kompleks pęcherzyka - powierzchnię materiału stałego) pozwala na sterowanie ilością uwolnionej energii pęcherzyka gazu, która powstaje wraz ze spadkiem przyspieszenia grawitacyjnego.

Przeprowadzone obliczenia numeryczne siły wynikowej, która utrzymuje pęcherzyk na powierzchni materiału stałego, pozwoliły uzyskać następujące wyniki: kiedy σ12 = ***65Dyne/cm, ΔF = 235,8842Dyne***; kiedy σ12 = ***65Dyne/cm, ΔF = 235,8842Dyne***; pod σ12 = ***70Dyne/cm***, ΔF = ***267,6038Dyne***; pod ***σ12 = 75Dyne/cm***, ΔF = ***297,6964Dyne*** i wyciągnąć wniosek, że wraz ze wzrostem napięcia powierzchniowego na granicy przekroju gaz-ciecz w warunkach mikrograwitacji, wynikowa siła ΔF jest zwiększona.

Wydruk przez program komputerowy wartości siły wypadkowej działającej na bańkę gazową przy wzroście napięcia powierzchniowego na granicy odcinka faz gaz płynny-gaz w warunkach mikrograwitacji (***g = 196cm/sec2***) na ekranie komputera przedstawia się następująco:

```
T =  70  G1= G2= G3=          196
RES.FORCE:RE1 RE2 RE3    267.6038
T =  75  G1= G2= G3=          196
RES.FORCE:RE1,RE2,RE3    297.6964
T =  65  G1= G2= G3=          196
RES.FORCE:RE1,RE2,RE3    235.8842
```

Jak powiedziano wcześniej, uwolniona wspólna energia powierzchniowa pęcherzyka gazowego pod wpływem spadku przyspieszenia ***grawitacyjnego*** z ***g=980cm/sec***^{2} do ***g = 196cm/sec***^{2} przechodzi w ruchomą energię kinetyczną pęcherzyka gazowego, gdy jego wartość przekracza wartość siły wynikowej, która zatrzymuje pęcherzyk gazowy na powierzchni materiału stałego.

Jeśli wartość uwolnionej wspólnej energii powierzchniowej pęcherzyka gazowego jest mniejsza lub równa wartości siły wynikowej, która utrzymuje pęcherzyk gazowy na powierzchni materiału stałego, wówczas w tym przypadku uwolniona wspólna energia powierzchniowa pęcherzyka gazowego przechodzi w energię wibracji pęcherzyka gazowego w pobliżu poziomu równowagi, która stopniowo zmniejsza się z powodu tarcia z cieczą.

Uzyskane wyniki symulacji komputerowej pozwalają na obliczenie stosunku uwolnionej wspólnej energii powierzchniowej pęcherzyka gazu do wartości wynikowej siły, która utrzymuje pęcherzyk na powierzchni materiału stałego pod wpływem σ12 = ***65Dyne /cm***, σ12 = ***70Dyne/cm***, σ12 = ***75Dyne/cm*** przy ***g = 196cm/sec2***.

W rezultacie otrzymamy dla σ12 = ***65Dyne/cm***, ΔE= ***(227.7653) /ΔF (235.8842) = 0,966***, czyli , ΔE< ***ΔF*** i dlatego pęcherzyk gazowy zostanie zatrzymany na powierzchni materiału stałego, a uwolniona wspólna energia powierzchniowa pęcherzyka gazowego przechodzi w energię drgań pęcherzyka gazowego w pobliżu poziomu równowagi, która stopniowo maleje z powodu tarcia z cieczą.

Dla przypadku σ12 = ***70Dyne/cm***, ΔE=***(276.4283) /ΔF (267.6038)= 1,033***, to jest, ΔE> ***ΔF*** i dlatego pęcherzyk gazowy oddziela się od powierzchni materiału stałego i uwolniona ogólna energia powierzchniowa pęcherzyka gazowego przechodzi do ruchomej energii kinetycznej pęcherzyka w cieczy.

Dla przypadku σ12 = ***75Dyne/cm***, ΔE= ***(333.9213) /ΔF (297.6964) = 1,122***, tzn. ΔE> ***ΔF*** i dlatego pęcherzyk gazowy oddziela się od powierzchni materiału stałego, a uwolniona wspólna energia powierzchniowa pęcherzyka gazowego przechodzi do ruchomej energii kinetycznej pęcherzyka w cieczy.

Należy zauważyć, że dla σ12 = ***75Dyne/cm*** stosunek ΔE/ΔF jest większy niż dla przypadku σ12 = ***70Dyne/cm*** na ***0,09***, a zatem ruch pęcherzyka gazu w cieczy w tym przypadku musi być na większej odległości niż w przypadku
σ12 = 70Dyne/cm.

Obliczenia numeryczne programu komputerowego odległości, dla których będzie przemieszczał się pęcherzyk gazu w cieczy dla tych dwóch przypadków, zostały przeprowadzone z wykorzystaniem (2.1.5), zakończonych wcześniej:

$$\Delta X = \frac{\sqrt{2(\Delta E - \Delta F)}}{\rho g Vol} \quad (2.2.2)$$

W rezultacie otrzymano następujące wyniki: dla σ12 = ***7Dyne/cm w warunkach*** mikrograwitacji, pęcherzyk gazu będzie poruszał się w cieczy w odległości ΔX=5,***943cm*** - ; DISTANCE = 5.943 dla σ12 = ***70Dyne/cm w*** warunkach mikrograwitacji, pęcherzyk gazu będzie poruszał się w cieczy w odległości

ΔX=2,933cm - DISTANCE = 2.933.

Uzyskane wyniki zostały w pełni udowodnione doświadczalnie w procesie prowadzonych badań na pokładzie latającego laboratorium (FL) IL-76K [37].

Uzyskana w trakcie badań rama filmowania (Rysunek 44) pokazuje oderwanie i ruch do przodu pęcherzyków o wartości σ12, równej odpowiednio σ12 = 70Dyne/cm (w odległości ΔX=2,***933cm)*** i σ12=75Dyne/cm (w odległości ΔX=5,***943cm***), oraz utrzymywanie się na powierzchni stałego materiału pęcherzyków o wartości σ12 = ***65Dyne/cm*** w warunkach krótkotrwałej nieważkości.

Wyniki przeprowadzonego modelowania komputerowego, potwierdzone eksperymentami na płycie [FL] IL-7K, wykazały, że opracowany model komputerowy pozwala na dokładne modelowanie zachowania się prawdziwego pęcherzyka gazu, umocowanego na powierzchni materiału stałego, pojawiającego się przy specjalnie wytworzonej zmianie napięcia powierzchniowego na granicy odcinka faz ciecz-gaz i zmianie kąta zwilżalności kontaktowej, w rzeczywistych warunkach mikrograwitacji.

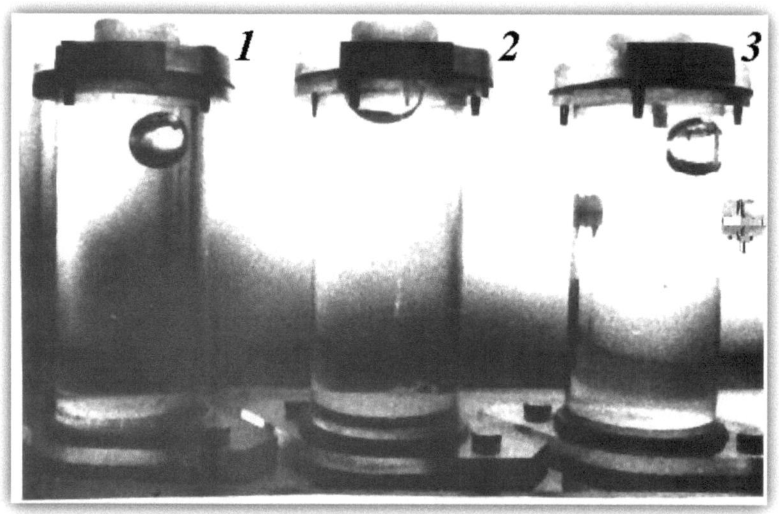

Rysunek 44
Rama filmowania, uzyskana podczas prób samolotu, odlotu i przylotu ruch pęcherzyków o wartości σ12 równej odpowiednio ***70Dyne/cm*** i ***75Dyne/cm***, i zamknięcie na powierzchni stałego materiału pęcherzyka o σ12 = ***55Dyne/cm*** w krótkoterminowe warunki nieważkości.
1. - σ12 = ***70Dyne/cm***; 2. - σ12 = ***55Dyne/cm***; 3. - σ12 = ***85Dyne/cm***

Rozdział III. Komputerowe modelowanie zachowania się pęcherzyka gazu pod wpływem drgań w warunkach przeciążenia i nieważkości statku powietrznego

Badanie zachowania dynamicznego pęcherzyków gazu w cieczy oraz kontrola przez fazę gazową w warunkach zbliżonych do nieważkości, z wykorzystaniem różnych rodzajów drgań, są ważne dla rozwiązania szeregu problemów technologicznych, związanych z potrzebami technologii kosmicznej (odgazowanie specjalnych płynów i paliwa).

W związku z tym zadanie teoretycznego opisu wpływu drgań na pęcherzyki powietrza w płynie zostało ustalone z uwzględnieniem zarówno warunków ziemskich, jak i warunków zbliżonych do nieważkości.

Teoretyczny opis zachowania się pęcherzyków powietrza w cieczy pod wpływem drgań w warunkach ziemskich podany jest w pracy [31].

Autor, biorąc pod uwagę drgania pęcherzyków powietrza w nieścieralnej, nielepkiej cieczy, która znajduje się w płaskim sztywnym zbiorniku, uzyskał warunki do unoszenia się, zatapiania pęcherzyków powietrza i wahania pęcherzyków wokół poziomu równowagi (h_{eq}):

a(αN - 2) < 0 - pęcherzyk pływający;

a(αN - 2) > 0 - zapadanie się ***bańki***;

a(αN - 2) = 0 - wahania bąbelków w pobliżu

Poziom równowagi. *(3.1)*

Tutaj, α ***= 3Ngh / [a2 (λ2-ώ2)] (3.2)***

gdzie ***h*** - poziom, na którym znajduje się pęcherzyk; ***ώ*** - częstotliwość drgań; ***Ng*** - przyspieszenie drgań stojaka wibracyjnego; λ - częstotliwość małych drgań pęcherzyków o promieniu (á).

Zakładając małe drgania pęcherzyka w pobliżu poziomu równowagi i małe odkształcenia formy pęcherzyka pod wpływem działania wibracyjnego, autor otrzymał równanie ruchu pęcherzyka w cieczy, równanie odkształceń pęcherzyka i równanie na poziom równowagi, przy którym pęcherzyk drga:

$$d/dt\,[(a+3\Delta)\dot{\xi}\,] = 2(a+3\Delta)\,(\ddot{X}-ng0) \quad (3.3)$$

$$\Delta = (\alpha/3)\,aCos\,(\dot{\omega}t) \quad (3.4)$$

$$heq = \frac{?_0}{??[\frac{?^{?}?^{?}}{??(?^{?}-\omega^{?})} - ?]} \quad (3.5)$$

gdzie ξ - małe ruchy pęcherzyków w pobliżu poziomu $_{heq}$; ν - stała politroficzna; ***g*** - przyspieszenie grawitacji; ***X*** - oscylacje stołu stanowiska wibracyjnego; P0 - ciśnienie nad obszarem powietrza płynnego.

W badaniu problemów mechaniki w warunkach nieważkości lub bliskości nieważkości jednym z pierwszych zadań jest porównanie, oszacowanie wpływu różnych sił i wybór z nich tych, które dominują nad pozostałymi.

Działając na zbiornik i ciecz w zbiorniku, siły w tych warunkach można podzielić na następujące części:

1. Siły zewnętrzne w odniesieniu do statku powietrznego lub aparatu kosmicznego (pozostałe
grawitacja Ziemi, siła pochodzenia aerodynamicznego; geomagnetyzm; siła, która
sterowanie orientacją aparatury kosmicznej w locie kosmicznym).

2. Siła oddziaływania grawitacyjnego z elementami konstrukcji
aparatury kosmicznej i jej zawartości (autograwitacja).

3. Siły międzycząsteczkowe - siły napięcia powierzchniowego.

Spróbujmy teoretycznie opisać zachowanie się pęcherzyków gazu w cieczy pod wpływem drgań w warunkach zmiennego pola grawitacyjnego.

Następnie, pomijając siłę samograwitacji ze względu na jej niewielkie rozmiary, za siłę główną uznamy siłę międzycząsteczkową (siłę napięcia powierzchniowego) i porównywalną z nią, siłę zewnętrzną w stosunku do aparatu kosmicznego lub siłę statku powietrznego, którą można wyrazić jako siłę o przyspieszeniu ***g = ng0***, gdzie ***n*** - wielkość przeciążenia statku powietrznego, ***g0 = 980cm/sec²*** - ziemskie przyspieszenie grawitacji.

Weźmiemy pod uwagę, że powyższe ciśnienie powietrza cieczy P0 jest stałe (zbiornik jest hermetycznie zamknięty), a ruch obrotowy jest nieobecny.

Następnie układ pęcherzyka powietrza + płyn + zbiornik jest całkowicie opisany za pomocą trzech współrzędnych (rysunek 45).

Połóżmy początek współrzędnej ***Z*** na wolnej powierzchni płynu.

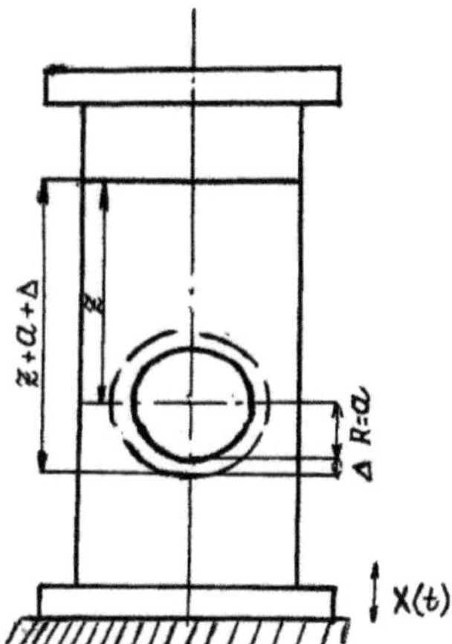

Rysunek 45

Schemat rozmieszczenia "roju" pęcherzyków powietrza i płynu w zbiorniku: ***X*** - przemieszczenie dna statku; ***Z*** - pozycja "roju" statku pęcherzyki powietrza w stosunku do powierzchni cieczy; Δ - deformacja "rój" pęcherzyków powietrza.

Musimy znaleźć wyrażenia energii kinetycznych i potencjalnych, aby uzyskać równanie Lagrange'a dla danego układu.

Wyrażenie dla energii kinetycznej będzie takie samo, co uzyskane w [31], tj. :

$$T = M/2\,(\dot{X})^2 + 2\pi\rho f\,(a+\Delta)^3\dot{\Delta}^2 + \pi/3\rho f\,(a+\Delta)^3\,\dot{Z} - 4/3\pi\,\rho f\,\dot{X}\,d/dt\,[(a+\Delta)^3]\,Z \quad (3.6)$$

gdzie ***M*** - wspólna masa układu; ρf - gęstość cieczy; ***a*** - promień pęcherzyka; Δ- odkształcenie postaci pęcherzyka; ***Z-*** przemieszczenie pęcherzyka wzdłuż słupa cieczy.

Wyrażenie dla potencjalnej energii będzie się składać:

1. Z potencjału powietrza w pęcherzyku na powierzchni cieczy - $4/3\pi P0\,(a+\Delta)^3$; potencjał powietrza w pęcherzyku na dowolnym poziomie $4/(3v-1)[P1a3v/(a+\Delta)^{3(v-1)}]$, gdzie
P1 - ciśnienie w pęcherzyku na dowolnej głębokości w przypadku braku wibracji, ν - stała politroficzna.

2. Z energii napięcia powierzchniowego płynu w zbiorniku i z powierzchni energia napięcia pęcherzyka powietrza w cieczy, która może być reprezentowana przez
w następującej formie:

$$W1 = \pi\sigma 12\,(X^{2+R2})$$

$$W2 = 4\pi\sigma 12\,(a+\Delta)^2$$

gdzie ***R*** - promień statku, σ12 - współczynnik napięcia powierzchniowego na granica odcinka fazy ciekłej - gazowej.

3. Z potencjału sił zewnętrznych:

$$W3 = -\,Mng0X + (4/3)\,\pi ng0\,_{\rho f}Z\,(a+\Delta)^3$$

Znak "-" w pierwszym terminie spowodowany tym, że współrzędna ***X*** jest liczona od dna statku, tzn. jest odwrotna do wybranego układu pochodzenia współrzędnej ***Z***.

W ten sposób wyrażenie potencjalnej energii przybierze formę:

$$W = \pi\sigma 12\,(X^{2+R2}) + (4/3)\,\pi P0\,(a+\Delta)^3(P0+ng0\,_{\rho f}Z) + 4\pi P1a^{v}/\,[3(v-1)\,(a+\Delta)^{3(v-1)}] + +4\pi\sigma 12\,(a+\Delta)2 - Mng0X \quad (3.7)$$

Definiując funkcję Lagrange'a jako $L = T - W$ i zastępując w równaniu Lagrange'a zapisane dla współrzędnych Δ i Z, otrzymamy układ równań różniczkowych opisujących zachowanie się pęcherzyków powietrza w cieczy pod wpływem drgań:

$$d/dt\,[(a+\Delta)^3 \dot{Z}] = 2(a+\Delta)^3(\ddot{X}-ng0);$$

$$\ddot{\Delta} + (3/2)\dot{\Delta}^{2/}(a+\Delta) - a3v\,P1/[\rho f(a+\Delta)^{3v+1}] + [(ng0-)\ddot{X})/(a+\Delta)]\,Z - \dot{Z}^2/[4(a+\Delta)] =$$
$$= -P0/[\rho f(a+\Delta)] - 2\sigma 12/[\rho f(a+\Delta)^2]\,T \qquad (3.8)$$

Zastąpić zmienną $Z \rightarrow h + \xi$, gdzie ξ - małe przemieszczenia pęcherzyków powietrza w pobliżu poziomu równowagi h, a następnie otrzymamy:

$$d/dt\,[(a+\Delta)^3 \dot{\xi}\,] = 2(a+\Delta)^3(\ddot{X}-ng0);$$

$$\ddot{\Delta} + (3/2)\dot{\Delta}^{2/}(a+\Delta) + \{P1/[\rho f(a+\Delta)]\}\,\{1-[a/(a+\Delta)]^{3v\}} + [(ng0-\ddot{X})/(a+\Delta)]\,\xi =$$
$$= [\ddot{X}/(a+\Delta)]\,h - 2\sigma 12/[\rho f(a+\Delta)^2] + [\dot{\xi}/4(a+\Delta)] \qquad (3.9)$$

Jeżeli rozpatrywane Δ jest małe, w porównaniu z promieniem a, to można pominąć drugi człon w drugim równaniu układu (3.9), a trzeci, który rozkłada się w serii Taylora na argumencie Δ, w rezultacie otrzymamy:

$$\{P1/[\rho f(a+\Delta)]\}\{1 - [a/(a+\Delta]^{3v\}} = 3vP1\Delta/\rho f\,a2 = \lambda 2\,\Delta$$

Terminy, które zawierają ξ i ξ Φ w drugim równaniu systemu (3.9) mogą być odrzucone, ponieważ uważa się, że $h >> \xi$.

W ten sposób układ równań (3.9) zostaje przekształcony na następującą formę:

$$d/dt\,[(a+3\Delta)\dot{\xi}\,] = 2(a+3\Delta)\,(\ddot{X}-ng0)$$
$$\ddot{\Delta} + \lambda 2\Delta = \ddot{X}h/a - 2\sigma 12/\rho fa2 \qquad (3.10)$$

Rozwiązanie drugiego równania, biorąc pod uwagę, że $\ddot{X} = Nng0\,Cos\,(\acute{\omega}t)$, gdzie N - przyspieszenie drgań stojaka wibracyjnego, a $\acute{\omega}$ - częstotliwość drgań, którą uzyskamy:

$$\Delta = (\alpha/3)\,aCos\,(\acute{\omega}t) - 2\sigma 12/\rho fa2\lambda 2 \qquad (3.11)$$

Gdzie, $\alpha = 3Nng0h/[a2\,(\lambda 2-\acute{\omega}2)]$ (3.12)

Równanie (3.11) uwzględnia wpływ sił napięcia powierzchniowego ($2\sigma 12/\rho f\,a2\lambda 2$) w przeciwieństwie do równania (3.4), otrzymanego w [31].

Jeśli więc weźmiemy pod uwagę siły napięcia powierzchniowego, to co jest niezbędne w warunkach zbliżonych do nieważkości, a następnie deformacja pęcherzyka (Δ) w warunkach nieważkości pod wpływem wibracji będzie mniejsza niż w warunkach ziemskich.

Zastępując (3.11) pierwszym równaniem systemu (3.10), po integracji uzyskamy:

⍰̇ = ng0 / (a+3Δ) *∫[⍰(⍰⍰ − ⍰) + ⍰⍰⍰$_{12}$/ρf **a2λ2**] **dt** + ∫{⍰[⍰(⍰ − ⍰) −*
-6 σ12N/ρf a2λ2] Cos (ώt) + αaNCos (2ώt)} dt + const. *(3.13)*

Ponieważ ***1/ (a+3Δ)*** - jest funkcją okresową, a ponieważ Δ zmienia się okresowo, ξ również będzie funkcją okresową, jeżeli

a(αN - 2)+12σ12/ ρf a2λ2 = 0 ***(3.14)***

Stąd też, używając (3.12), otrzymamy ogólne równanie dla poziomu równowagi ***heq:***

$$heq = \frac{⍰_0}{⍰⍰⍰_0\left[\frac{⍰^{⍰}⍰^{⍰}}{⍰⍰\left(⍰-\frac{⍰⍰_{12}}{⍰⍰^{⍰}⍰^{⍰}}\right)(⍰^{⍰}-\acute{\omega}^{⍰})}-⍰\right]} \qquad (3.15)$$

gdzie, ρ = *ρf.*

Równanie (3.15) przechodzi do równania na poziom równowagi (3.5), jeśli ***n*** zrobimy równy ***1***, i przez siłę napięcia powierzchniowego (σ12) nie brać pod uwagę (przypadek Ziemi).

Na podstawie równania (3.14), następnie warunki unoszenia się, zatapiania i wahania wokół poziomu równowagi pęcherzyków gazu lub "roju" pęcherzyków w zmiennej grawitacji, będą miały następującą postać:

a(αN - 2)+12σ12/ ρf a2λ2 < 0 - pływający pęcherzyk;
a(αN - 2)+12σ12/ ρf a2λ2 > 0 - zapadanie się ***bańki***;
a(αN - 2)+12σ12/ ρf a2λ2 = 0 - wahania pęcherzyka wokół Poziom równowagi.

Na podstawie otrzymanego równania (3.15) opracowano program komputerowy, który numerycznie modeluje zależność poziomu równowagi od wielkości **siły g** (***n***) i częstotliwości drgań ***ω*** działających na cały układ, oraz symuluje zachowanie się pęcherzyków gazu lub "roju" pęcherzyków na ekranie komputera.

Równanie (3.15) zostało przekształcone na nową formę, w której zależność poziomu równowagi h_{eq} od wielkości siły g ***(n)*** i częstotliwości drgań stała się wyraźna, ponieważ $\lambda 2$ w równaniu (3.15) wynosi ***3vP1/ ρf a2***, oraz ***P1=P0+ρf ng0*** h_{eq}.

W tym celu podstawiono $\lambda 2$ na ***3v (P0+ρf ng0*** h_{eq}***) / ρfa2*** w równaniu (3.15) i otrzymane równanie rozwiązano relatywnie do pierwiastka h_{eq}.

W wyniku tego równanie do obliczania h_{eq} pojawia się w następujący sposób:

$$h_{eq} = (-1)\,(K2_{/2K1}) - (\sqrt{K_2^2 - 4K_1K_3}\,)\,/\,2K1 \qquad (3.16)$$

Gdzie

$K1 = 9\rho f\, 2a\, n3\, g03\, (N\, 2- 2)$;

$K2 = 6\rho f\, n\, g02\, (3P0\, a\, (N2 - 2) + 6\, \sigma 12 + \rho f\, a3\omega 2)$;

$K3 = 3ng0\, (2P0\, (6\sigma 12 + \rho f\, a3 + \omega 2) - 4\rho f\, a2\, \sigma 12\, \omega 2 - \rho f\, a3P0)$;

$P0 = \rho air\, ng0L$

Tutaj ρf - ***gęstość*** wody, równa ***1g/cm3***; ***a*** - promień pęcherzyka lub "rój" pęcherzyków powietrza; ***g0*** - ziemskie przyspieszenie grawitacji, równe ***980cm/sec2***; ***N*** - przyspieszenie drgań stojaka wibracyjnego, równe ***150m/sec2*** lub ***15000cm/sec2***; ω - częstotliwość drgań; ***n*** - wielkość ***siły g***; ρair - gęstość powietrza, równa ***0,00019g/cm3*** oraz ***L*** - wysokość powyższego słupa powietrza ciekłego w zbiorniku, przyjęta w obliczeniach jako ***2cm***.

Program komputerowy, który numerycznie symuluje zależność poziomu równowagi h_{eq} od wielkości ***siły g*** (***n***) i częstotliwości drgań ω, działających na cały układ, został napisany na FORTRANIE 77, a program komputerowy, który symuluje zachowanie się pęcherzyków powietrza lub "roju" pęcherzyków powietrza na ekranie komputera w korespondencji z uzyskanymi danymi obliczeniowymi, został zrealizowany na C.

Rysunek 46 przedstawia wydruk danych wprowadzonych przez program na ekranie komputera.

Do obliczeń wprowadza się promień pęcherzyka powietrza lub "klastra" pęcherzyków powietrza ***a***, równy ***0,55 cm***, wartości ***siły g*** (***n***), równe ***29,40 cm/sec2*** (lub ***0,03un.***).

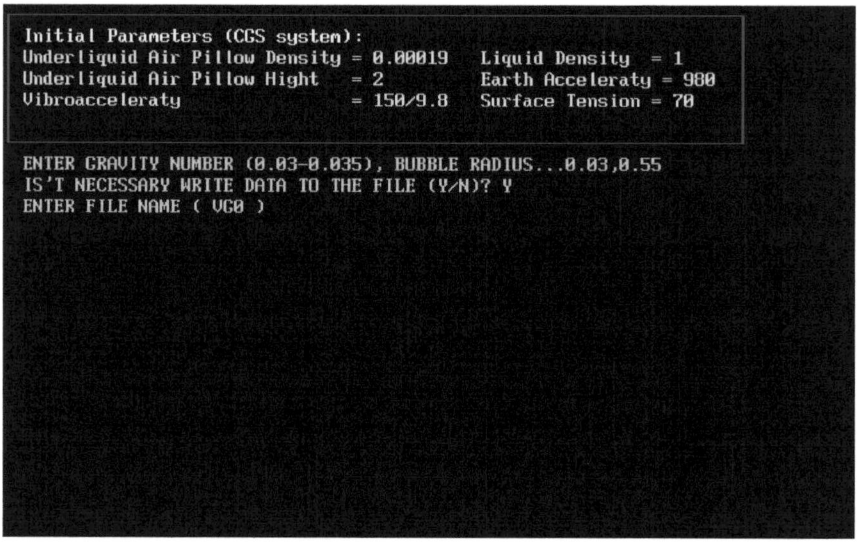

```
Initial Parameters (CGS system):
Underliquid Air Pillow Density = 0.00019   Liquid Density  = 1
Underliquid Air Pillow Hight   = 2         Earth Acceleraty = 980
Vibroacceleraty                = 150/9.8   Surface Tension = 70

ENTER GRAVITY NUMBER (0.03-0.035), BUBBLE RADIUS...0.03,0.55
IS'T NECESSARY WRITE DATA TO THE FILE (Y/N)? Y
ENTER FILE NAME ( VG0 )
```

Rys. 46
Wydruk danych wejściowych programu

Podczas obliczeń przyjmuje się stałe ρf - gęstość wody, równą ***1g/cm3***, ***g0*** - ziemskie przyspieszenie grawitacyjne, równe ***980cm/sec2***, ***N*** - przyspieszenie drgań stojaka wibracyjnego, równe ***150m/sec2*** lub ***15000cm/sec2***, ρpowietrza - gęstość powietrza, równą ***0,00019g/cm3*** oraz ***L*** - wysokość powyższego słupa powietrza ciekłego w zbiorniku, przyjęta przez ***2cm***.

Rysunek 47 przedstawia wydruk programu symulacji numerycznej zależności poziomu równowagi ***heq*** pęcherzyka powietrza lub "roju" pęcherzyków powietrza, o promieniu ***0,55cm***, o objętości ***0,7cm3***, od częstotliwości drgań w zakresie częstotliwości ω od ω = ***18Hz*** do ***540Hz*** o krokowej wartości ***18Hz*** pod ***naciskiem n***, równym ***29,40cm/sec2*** (lub ***0,03un***).

Ze wzoru (3.15) wynika, że z ***n*** →***0***, ***heq*** → do nieskończoności, a ponieważ kolumna cieczy jest ograniczona dnem naczynia, to z ***n*** →***0*** otrzymamy ***heq →L***, gdzie ***L*** - wysokość słupa cieczy w naczyniu.

Stąd pęcherzyk lub "rój" pęcherzyków powietrza, który pod wpływem wibracji oscyluje w pobliżu stałego poziomu równowagi, w przypadku zmniejszenia przyspieszenia ***grawitacyjnego g*** z ***g = 980 cm/sec²*** do ***g = 0*** (lub ***n = 1 un.*** do ***n = 0***), musi opadać w kierunku dna statku i osiągnąć je przy ***g = 0***.

Rysunek 48 przedstawia ramy pracy opracowanego programu komputerowego, który symuluje zachowanie się pęcherzyka gazu o objętości ***0,7cm3 w*** cieczy, pod wpływem drgań o częstotliwości ***108Hz*** i stałym przyspieszeniu drgań ***150m/sec2***, w warunkach zmiany przyspieszenia ***grawitacyjnego*** o g = ***980cm/sec²*** (***n = 1un.)*** do ***g = 29,40cm/sec2*** (***n = 0,03un.***).

Uzyskane wyniki teoretyczne potwierdzono doświadczalnie podczas prób w locie na pokładzie laboratorium lotniczego (FL) IL-76K [37].

Rysunek 49 ilustruje ramy filmowania, uzyskane podczas prób w locie, pokazujące zależność położenia poziomu równowagi pęcherzyka gazu o objętości ***0,***7cm3 , od warunków zmniejszenia przyspieszenia grawitacyjnego z ***g = 980cm/sec²*** do ***g = 29,40cm/sec2*** (lub ***0,03un***), przy stałej częstotliwości drgań ***108Hz*** i przyspieszeniu drgań ***150m/sec2***.

W przypadku wzrostu przyspieszenia grawitacji, "rój" pęcherzyków musi przemieszczać się w górę do wolnej powierzchni cieczy, a jeśli ***siła grawitacji*** osiągnie 2un. to "rój" musi wznieść się na poziom dwa razy wyższy.

H Level	Frequentcy	Gravity	Volum
-0.3168	18.00	29.40	0.697
-0.6049	36.00	29.40	0.697
-0.9028	54.00	29.40	0.697
-1.2103	72.00	29.40	0.697
-1.5275	90.00	29.40	0.697
-1.8545	108.00	29.40	0.697
-2.1915	126.00	29.40	0.697
-2.5387	144.00	29.40	0.697
-2.8962	162.00	29.40	0.697
-3.2644	180.00	29.40	0.697
-3.6434	198.00	29.40	0.697
-4.0334	216.00	29.40	0.697
-4.4346	234.00	29.40	0.697
-4.8471	252.00	29.40	0.697
-5.2711	270.00	29.40	0.697
-5.7070	288.00	29.40	0.697
-6.1547	306.00	29.40	0.697
-6.6145	324.00	29.40	0.697
-7.0866	342.00	29.40	0.697
-7.5711	360.00	29.40	0.697

H Level	Frequentcy	Gravity	Volum
-8.0682	378.00	29.40	0.697
-8.5780	396.00	29.40	0.697
-9.1008	414.00	29.40	0.697
-9.6367	432.00	29.40	0.697
-10.1857	450.00	29.40	0.697
-10.7482	468.00	29.40	0.697
-11.3242	486.00	29.40	0.697
-11.9138	504.00	29.40	0.697
-12.5172	522.00	29.40	0.697
-13.1345	540.00	29.40	0.697

H Level	Frequentcy	Gravity	Volum
-8.0682	378.00	29.40	0.697
-8.5780	396.00	29.40	0.697
-9.1008	414.00	29.40	0.697
-9.6367	432.00	29.40	0.697
-10.1857	450.00	29.40	0.697
-10.7482	468.00	29.40	0.697
-11.3242	486.00	29.40	0.697
-11.9138	504.00	29.40	0.697
-12.5172	522.00	29.40	0.697
-13.1345	540.00	29.40	0.697

Rysunek 47

Wydruk programu numerycznej symulacji zależności poziomu równowagi h_{eq} pęcherzyka powietrza lub "rój" pęcherzyków powietrza o promieniu ***0,55 cm***, o objętości ***0,7cm3***, na częstotliwości drgań w zakresie częstotliwości drgań ω od *ω* = ***18Hz*** do ***540Hz*** przy stopniu ***18Hz*** poniżej wartości przeciążenia statku powietrznego (***siła g***) ***n***, równym ***29,40 cm/sec2*** (lub ***0,03un.***).

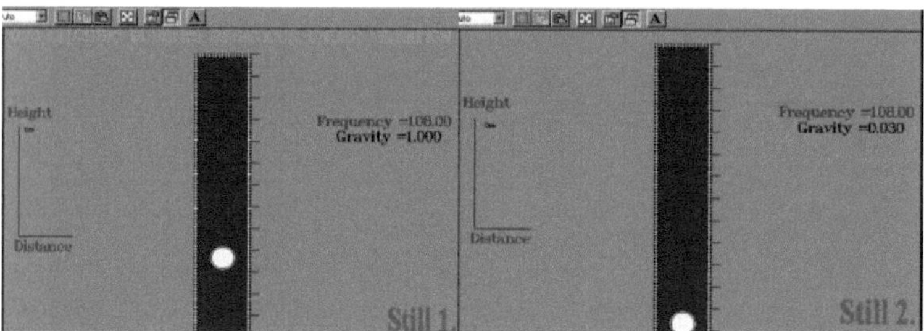

Rysunek 48

Ramki pracy opracowanego programu komputerowego, który symuluje zachowanie się gazu pęcherzyk w cieczy pod wpływem wibracji o stałej częstotliwości ***108 Hz***. oraz stałe przyspieszenie drgań ***150m/sec2***, w warunkach zmiany przyspieszenia ***g*** od ***g = 980cm/sec²*** (***n = 1un...***) do ***g = 29,40cm/sec2*** (***n = 0,03***).

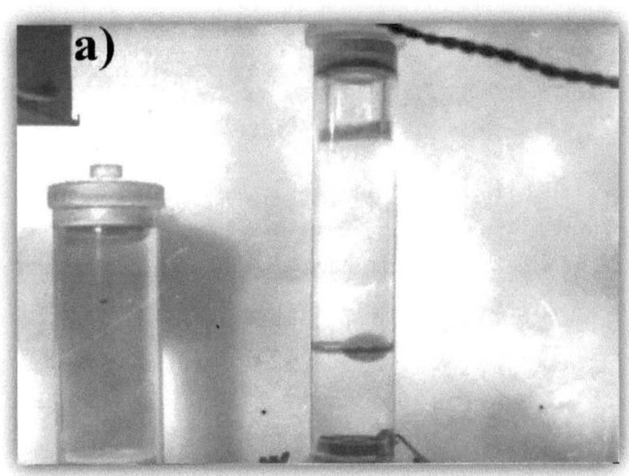

Rysunek 49

Ramy filmowania wyników prób w locie, które pokazują zależność pozycje poziomu równowagi pęcherzyków gazu na ***siłowniku g (n)*** pod spadkiem przyspieszenia ***grawitacji g*** od ***g = 980cm/sec²*** ***(n=1un.)*** do ***g = 0 (n=0)*** przy stała częstotliwość drgań ***108 Hz*** oraz stałe przyspieszenie drgań ***150m/sec2***.

a) - ***g = 980cm/sec²***; b) - ***g = 0***

Rysunek 50 ilustruje klatki filmowania, uzyskane w wyniku prób w locie, pokazujące zależności położenia równowagi poziomu pęcherzyków gazu o objętości ***0,7cm3*** od warunków wzrostu przyspieszenia ***grawitacyjnego*** z ***g = 980cm/sec²*** do ***g = 1323cm/sec²***, przy stałej częstotliwości drgań ***108Hz*** i przyspieszeniu drgań ***150m/sec2***.

Równanie (3.15) pokazuje, że podobnie jak w przypadku Ziemi, wraz ze spadkiem częstotliwości drgań (ώ), rośnie poziom równowagi (h_{eq}) (kierunek poziomu równowagi jest liczony od swobodnej powierzchni cieczy do dna naczynia) i "rój" pęcherzyków maleje, a wraz ze wzrostem częstotliwości drgań (ώ), poziom równowagi (h_{eq}) maleje i "rój" pęcherzyków rośnie.

W związku z tym, tak jak w przypadku Ziemi, "rój" pęcherzyków w płynie w warunkach nieważkości może być kontrolowany poprzez zmianę częstotliwości drgań (ώ), a uzyskane równanie (3.15) pozwala na wykonanie tego z obliczoną dokładnością.

Rysunek 51 przedstawia ramy pracy opracowanego programu komputerowego, który symuluje podnoszenie się pęcherzyków gazu o objętość ***0,7cm3*** przy wzroście częstotliwości drgań z ***216Hz*** do ***414Hz***, przy stałych przyspieszenia drgań ***150m/sec2*** i przyspieszeniu ***grawitacyjnym g = 20,4cm/sec².***
(n= 0,03 un.).

Uzyskane wyniki teoretyczne zostały udowodnione doświadczalnie podczas prób w locie na pokładzie laboratorium lotniczego (FL) IL-76K.

Rysunek 52 ilustruje klatki filmowania, uzyskane podczas prób w locie, które pokazują unoszenie się pęcherzyków gazu o objętość ***0,7cm3*** przy wzroście częstotliwości drgań z ***216Hz*** do ***414Hz***, przy stałych przyspieszenia drgań ***150m/sec2*** i przyspieszenia ***grawitacyjnego g=20,4cm/sec².***

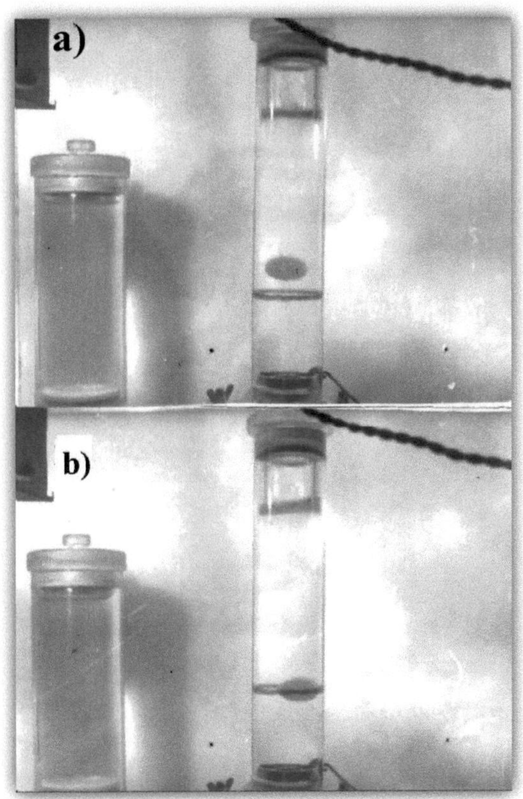

Rysunek 50
Ramy filmowania wyników prób w locie, które pokazują zależność pozycje poziomu równowagi pęcherzyków gazu na ***siłowniku g*** (***n***) pod wzrost przyspieszenia ***g*** od ***g = 980cm/sec²*** do ***g = 1323cm/sec²*** z stała częstotliwość drgań ***108 Hz*** oraz stałe przyspieszenie drgań ***150m/sec2*** .

a) ***g = 1323cm/sec² (n = 1.35un)***, b) ***g = 980cm/sec² (n = 1un)***.

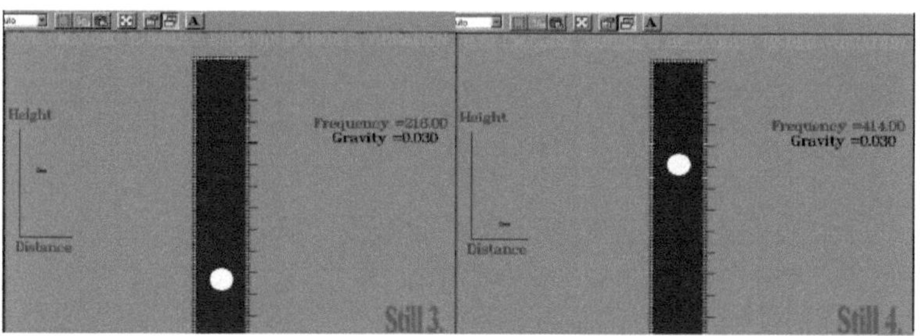

Rysunek 51

Ramki pracy opracowanego programu komputerowego, który symuluje wznoszenie pęcherzyków gazu ze zwiększeniem częstotliwości drgań z ***216 Hz*** do ***414 Hz***, przy stałych przyspieszenie drgań ***150m/sec2*** i przyspieszenie ***grawitacyjne g = 29,40cm/sec2*** (***n= 0,03 un.***).

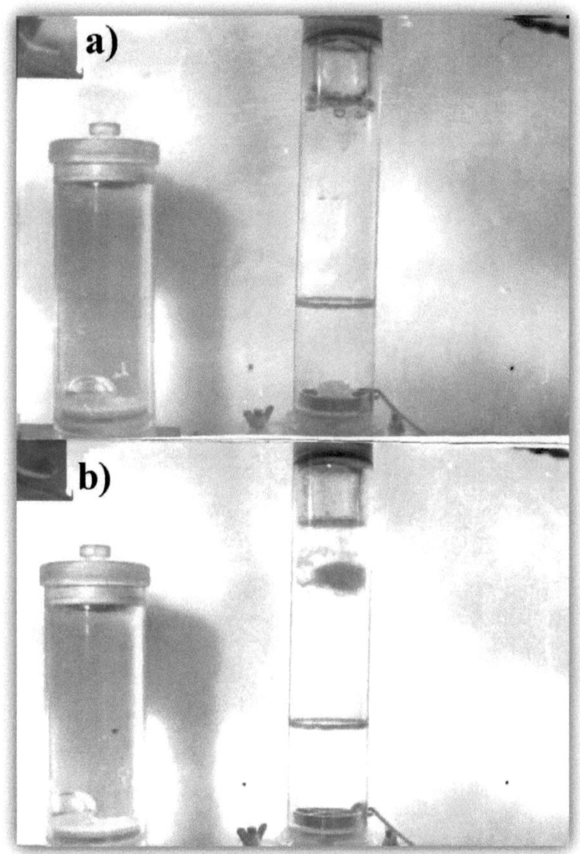

Rysunek 52
Ramy filmowania, z wyników prób w locie, które pokazują unoszące się pęcherzyki gazu z zwiększenie częstotliwości drgań z ***216 Hz*** do ***414 Hz***, przy stałej wibracji przyspieszenie ***150 m/s2*** i przyspieszenie ***grawitacyjne g = 29,40cm/sec*** ^{2} (***n= 0,03 un.***).
a) ώ = 216 Гц, ***b) ώ = 414Гц***.

Rozdział IV. Modelowanie komputerowe w onkologii

4.1 Zautomatyzowany system sterowania przez onkologa Proces

Przeprowadzone badania wykazały, że wykorzystanie komputera do analizy matematycznej materiału klinicznego jest nie tylko wysoce skuteczne, ale również pozwala na uzyskanie wyników, których nie można uzyskać, stosując inne metody [4-8].

W [7] ustalono, że "teraz dla każdego chorego w ROSC (Rosyjskie Centrum Naukowe Onkologii) zostanie sporządzony "paszport guza" - dokument medyczny, który ustala wszystko: wielkość nowej formacji guza, szczególną cechę histologii, cechy molekularno-genetyczne, a także wymienia wszystkie przeprowadzone badania i leki, na które guz jest oporny".

Należy zauważyć, że podobne paszporty guzów, które zawierają wszystkie dane o nowotworach, w tym wielkość nowej formacji guza, szczególną cechę histologii, charakterystykę molekularno-genetyczną, wszystkie przeprowadzone badania i leki, w odniesieniu do których guz był oporny, uzyskane z kart ambulatoryjnych i historii choroby pacjentów onkologicznych, stanowiły bazę danych guzów RCOD (Tadżykistan).

Na wydziale ACS (automated control system) na dyskach magnetycznych i taśmach magnetycznych komputera EC-1022 jeszcze w 1986 r. zapisano zamkniętą bazę danych o nowotworach.

Autor we współpracy ze współpracownikami Zakładu Onkologii Tadżyckiego Państwowego Instytutu Medycznego opracował zautomatyzowany system kontroli procesu onkologicznego [1-3].

Uwzględniono schemat blokowy opracowanego systemu automatycznego sterowania procesem onkologicznym (rys. 53):

1. Specjalnie opracowany w komputerowym języku C system do tworzenia i kontroli przez codziennie wypełnianą bazę danych nowotworów - DBMS (Data Base Management System) - ***Medical Commander***.

Rysunek 54 przedstawia fragment rozpoczęcia pracy systemu ***Dowódca Medyczny***

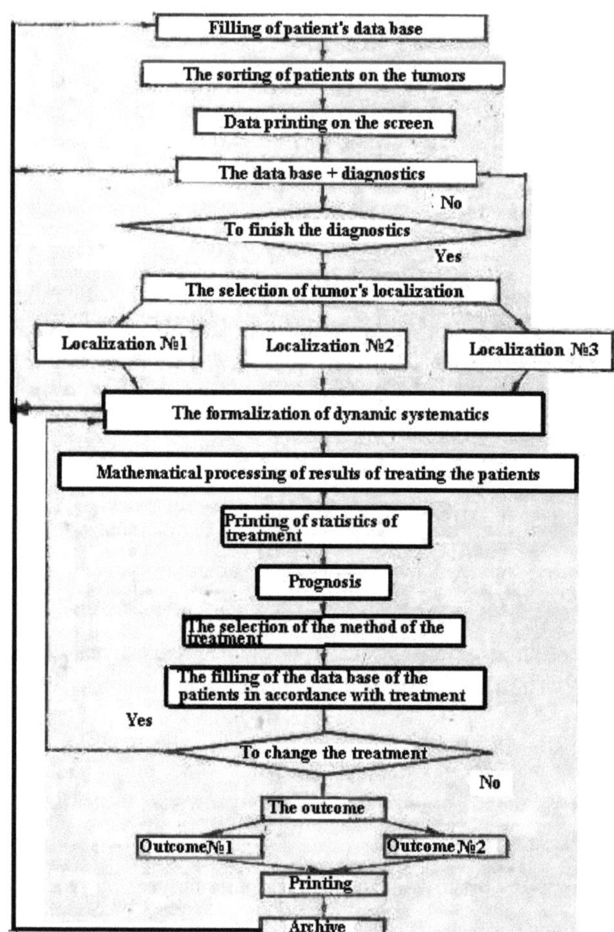

Rysunek 53
Schemat blokowy opracowanego przez onkologów zautomatyzowanego systemu kontroli proces.

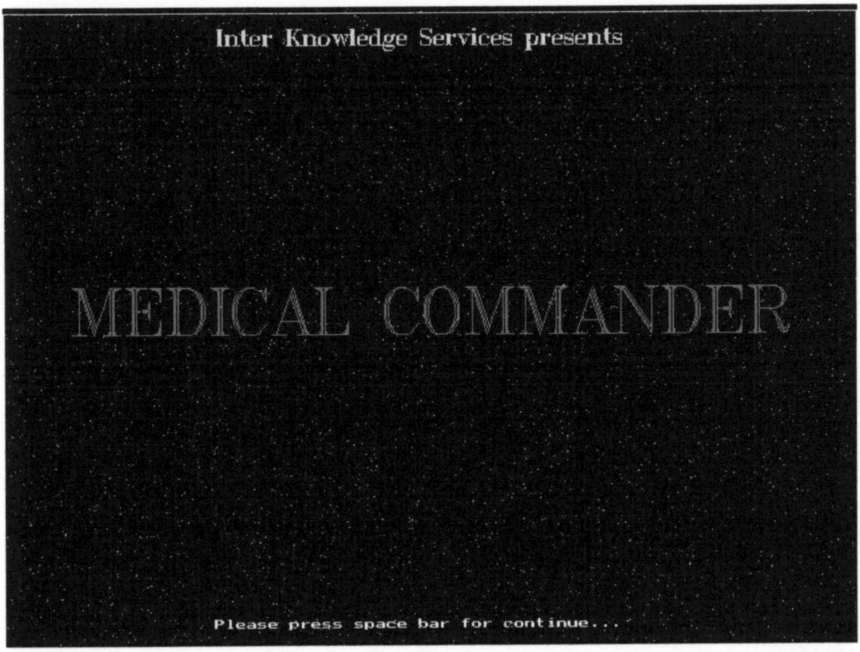

Rysunek 54
Fragment rozpoczęcia pracy systemu ***Dowódca Medyczny***

Opracowany program jest niewielki pod względem wielkości i zajmuje minimalną pamięć operacyjną, ponieważ program odczytuje, zapisuje i przetwarza informacje bezpośrednio z magazynów magnetycznych (dyskietki, dyski twarde, sterownik USB itp.).

W reżimie czasu rzeczywistego program może wykorzystywać jako minimum ***10*** dokumentów nowotworowych (paszport nowotworu) jednocześnie, każdy z pamięcią informacji ograniczoną pojemnością pamięci magnetycznej i tylko objętością ***100*** objawów ***x 100*** pacjentów danych cyfrowych i zakodowanych do przetwarzania matematycznego każdego dokumentu.

Uzupełnianie danych odbywało się w zwykłym dla lekarza onkologa reżimie dialogowym, co pozwoliło na stworzenie w opracowanym programie sieci zautomatyzowanych stacji roboczych lekarzy-onkologów (AW).

Reżim dialogu został zapewniony przez program w taki sposób, że wspólne dla lekarza-onkologa typowe dane (pytania), wstępnie z pomocą programu zapisanego na magnetycznych magazynach, pytał lekarza na ekranie komputera, co ma do uzupełnienia w codziennej pracy z karty ambulansowej lub historii pacjenta onkologicznego.

Rysunek 55 ilustruje pokazane na ekranie komputera reżimy pracy systemu ***Medical Commander***.

Wszystkie pytania (objawy lub czynniki), które mają charakter jakościowy, zostały podsumowane do odpowiedzi - tak, lub nie, tj. 1 lub 0, które pozwoliły przyspieszyć wprowadzanie, analizę matematyczną i prognozę tych objawów.

Wartości ilościowe zostały wprowadzone w zwykłej formie cyfrowej.

Rysunek 56 ilustruje powszechną formę elektronicznej "historii choroby" pacjenta z drugim numerem, wypełnionym przez lekarza-onkologa za pomocą systemu ***Medical Commander***, na ekranie komputera.

Metoda kodowania tych informacji została wykorzystana w celu zachowania tajemnicy informacji o pacjencie onkologicznym oraz uproszczenia przeprowadzania analizy matematycznej i prognozowania, a także przedstawiła warunkowe przypisanie każdemu obserwowanemu pacjentowi i każdemu z badanych objawów jego numeru (kodu).

Rysunek 57 ilustruje wspólną listę numerów pacjentów, z którymi współpracuje lekarz - onkolog, korzystając z systemu ***Medical Commander***, na ekranie komputera.

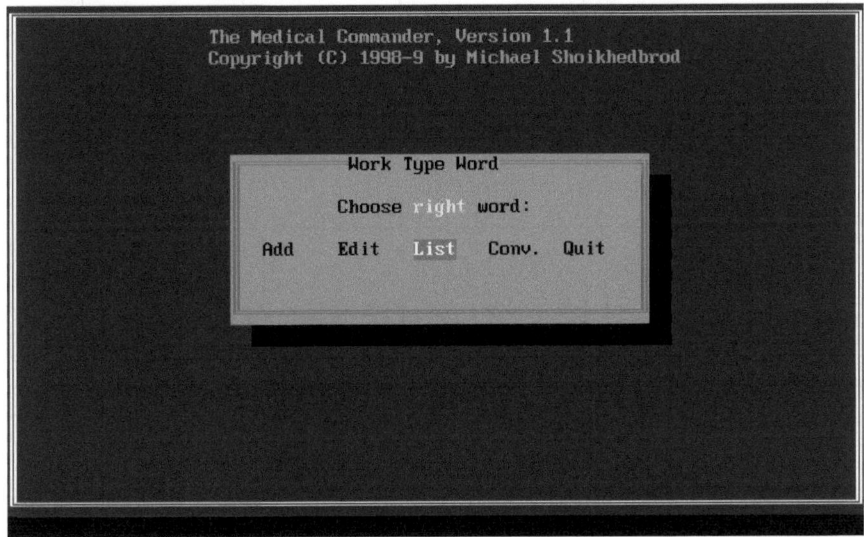

Rysunek 55
Reżim pracy systemu ***Dowódca Medyczny***

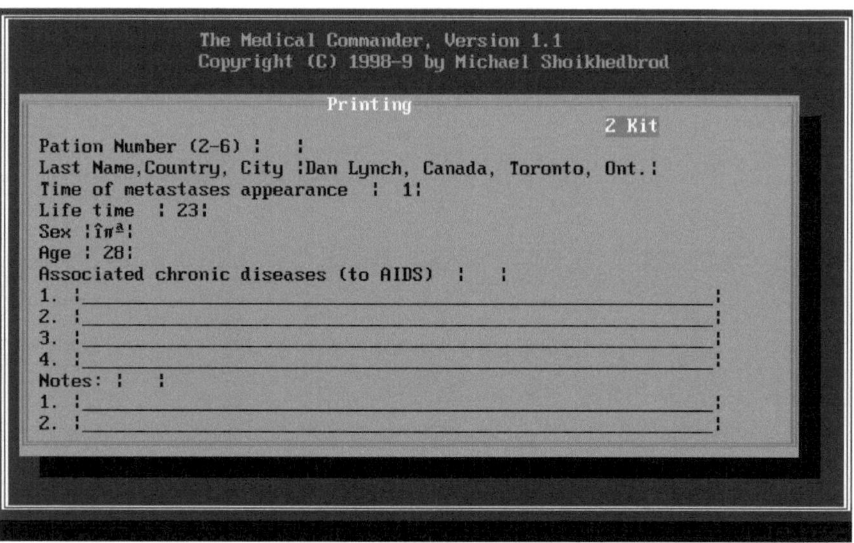
The Medical Commander, Version 1.1
Copyright (C) 1998-9 by Michael Shoikhedbrod

Printing

2 Kit

Pation Number (2-6) : :
Last Name,Country, City :Dan Lynch, Canada, Toronto, Ont.:
Time of metastases appearance : 1:
Life time : 23:
Sex :îπª:
Age : 28:
Associated chronic diseases (to AIDS) : :
1. :______________________________:
2. :______________________________:
3. :______________________________:
4. :______________________________:
Notes: : :
1. :______________________________:
2. :______________________________:

Rysunek 56

Powszechna forma elektronicznej "historii choroby" pacjenta z drugim numerem, wypełniony przez lekarza - onkologa za pomocą systemu ***Dowódca Medyczny***, na ekranie komputera

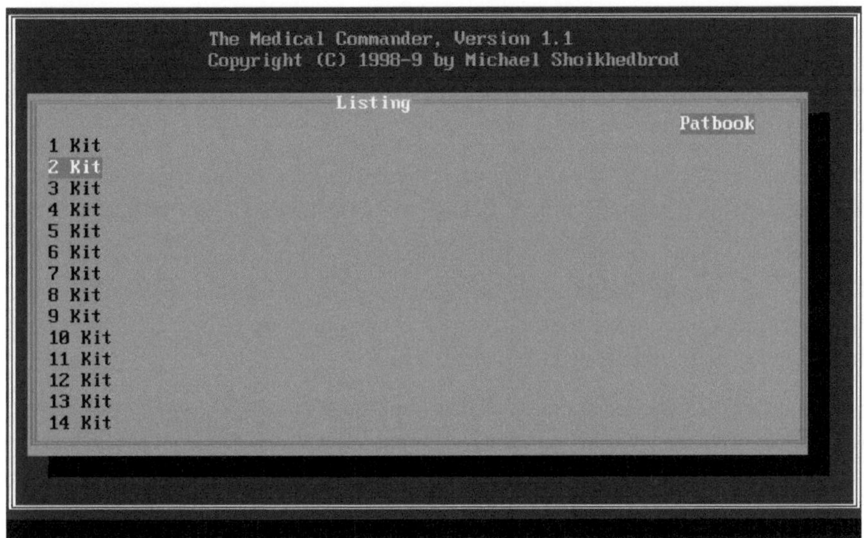

Rysunek 57
Wspólna lista numerów pacjentów, z którymi współpracuje lekarz - onkolog, z wykorzystaniem System ***Dowódca Medyczny***, na ekranie komputera

Lekarz prowadzący leczenie - onkolog na każdym etapie obserwacji lub leczenia pacjenta może zobaczyć na ekranie komputera imię i nazwisko pacjenta oraz nazwę objawu ze specjalnej książki referencyjnej - kodyfikacji, które były również przechowywane na magnetycznych magazynach.

Do badań naukowych w programie przewidziano tabelaryczne (matrycowe) wprowadzanie danych bezpośrednio do dokumentu nowotworu (***tabela*** programu - rys. 58).

Tabela z przypisanym dokumentem guza pojawia się na ekranie komputera w formie, w której w górnej części w kierunku poziomym zostały ułożone numery pacjentów oraz na pionowej linii liczby objawów, które należy zbadać.

Rycina 59 ilustruje, wypełnioną przez lekarza - onkologa za pomocą ***tabeli*** systemowej, tabelę dokumentu guza, pokazaną na ekranie komputera, w której w górnej części wzdłuż linii poziomej ułożono numery pacjentów, a na linii pionowej - liczbę znaków, które należy zbadać.

Badacz uzupełnia tę tabelę na komputerze i w reżimie zapisu programu zapisuje dane bezpośrednio do odpowiedniego dokumentu guza na nośniku magnetycznym.

Należy zauważyć, że w trybie dialogowym dane wejściowe, automatycznie przekształcane przez program do postaci macierzy, a w tej postaci informacje są przechowywane w magazynach magnetycznych.

Ta forma przechowywania informacji jest uwarunkowana warunkami pakietu programów naukowych ***SSP*** (***Scientific Subroutine Package***), który przez początkowe moduły został napisany w języku komputerowym ***FORTRAN*** i zaadaptowany do opracowanego systemu automatycznej kontroli przez proces onkologiczny oraz skoordynowany z programem tworzenia i kontroli przez codziennie wypełnianą bazę danych nowotworów.

Na każdym etapie pracy systemu kontroli procesu onkologicznego zapewniono selekcję, zarówno pacjentów, jak i objawów w reżimie dialogu.

Rysunek 60 ilustruje jak lekarz - onkolog korzystający z systemu ***Medical Commander***, dokonuje wyboru liczby pacjentów do uzyskania kompletnej lub wybiórczej informacji o pacjencie.

Rysunek 58
Fragment początku pracy systemu ***Tabela***

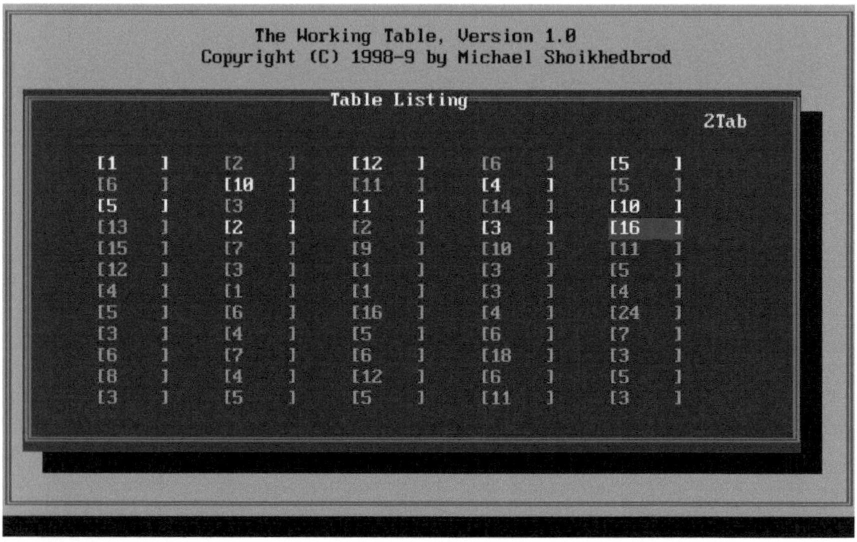

The Working Table, Version 1.0
Copyright (C) 1998-9 by Michael Shoikhedbrod

Table Listing

2Tab

[1]	[2]	[12]	[6]	[5]
[6]	[10]	[11]	[4]	[5]
[5]	[3]	[1]	[14]	[10]
[13]	[2]	[2]	[3]	[16]
[15]	[7]	[9]	[10]	[11]
[12]	[3]	[1]	[3]	[5]
[4]	[1]	[1]	[3]	[4]
[5]	[6]	[16]	[4]	[24]
[3]	[4]	[5]	[6]	[7]
[6]	[7]	[6]	[18]	[3]
[8]	[4]	[12]	[6]	[5]
[3]	[5]	[5]	[11]	[3]

Rysunek 59

Tabela z dokumentem guza, w której w górnej części wzdłuż linii poziomej znajduje się numer pacjentów, a na linii pionowej - liczba znaków, które muszą być Zbadane.

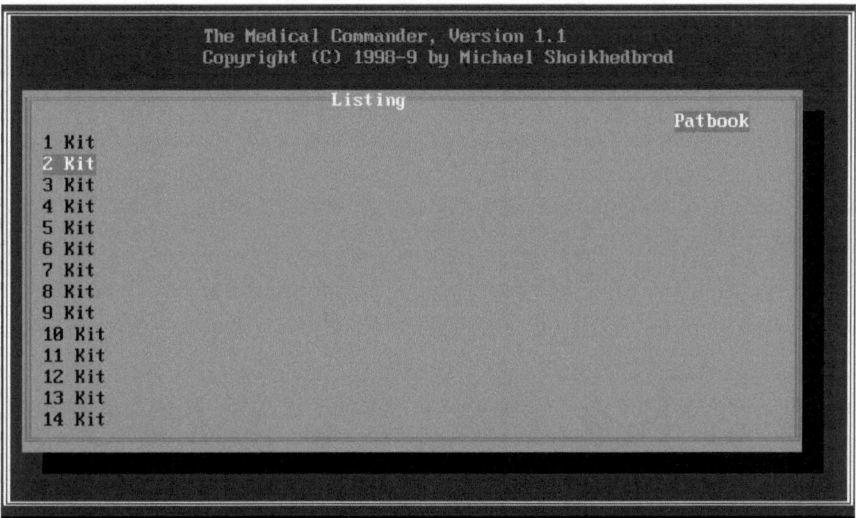

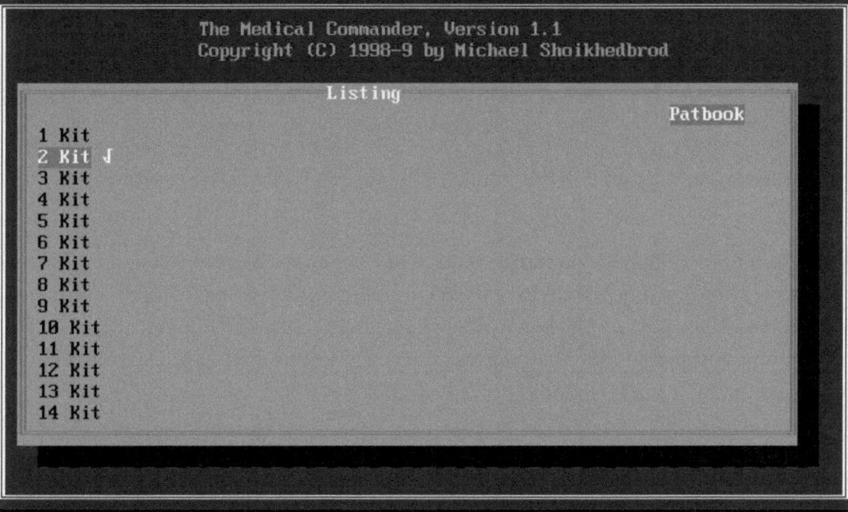

Rysunek 60
Wybór liczby pacjentów do uzyskania pełnej lub wybiórczej informacji o cierpliwy.

Rysunek 61 ilustruje jak lekarz - onkolog dokonuje wyboru znaku, np. czasu pojawienia się przerzutów, przy użyciu systemu ***Medical Commander***, dla wszystkich istniejących pacjentów do dalszego przetwarzania matematycznego.

W rezultacie lekarz-onkolog może uzyskać na ekranie komputera, na żądanie wybiórcze lub kompletne, kompletne lub wybiórcze informacje o wszystkich pacjentach lub wybranych pacjentach w formie wspólnej dla lekarzy historii choroby i w razie potrzeby wydrukować te informacje.

Ten etap systemu umożliwił wstępne sortowanie pacjentów onkologicznych na nowych formacjach guza po przeprowadzeniu przez lekarzy-onkologów badania podstawowego.

2. Radiologiczna diagnostyka komputerowa (Gamma-camera) guzów, spektroskopowa diagnostyka komputerowa w podczerwieni guzów i inne formy diagnostyki (histologiczne, molekularno-genetyczne analizy).

Radiologiczna diagnostyka komputerowa (Gamma-camera) guzów prowadzona była w oparciu o program komputerowy "Gamma" (Węgry), który pozwalał na uzyskanie jakościowych obrazów guzów po badaniu radiologicznym pacjenta oraz na obróbkę matematyczną tych obrazów.

Uzyskane dane zostały zapisane na dysku magnetycznym komputerowej kamery gamma.

Dysk magnetyczny gamma-kamery miał ograniczenia co do ilości zapisanych na nim informacji.

W związku z tym, w zautomatyzowanym systemie sterowania przez proces onkologiczny został wykorzystany kompleks komputerowy na bazie mini komputera ***CM-4,*** który miał kilka dysków magnetycznych, kompatybilnych z dyskiem magnetycznym komputera gamma-kamery, a także potężniejsze oprogramowanie do przetwarzania dużej ilości zdjęć radiologicznych guzów.

Tak więc, wyniki codziennej diagnostyki komputerowej kamery gamma wypełniły bazę danych radiologicznej diagnostyki kompleksu komputerowego "Gamma", która została przetworzona matematycznie.

Do uzupełnienia uzyskanych w wyniku radiologicznej diagnostyki informacji z ogólnej bazy danych komputera głównego EC-1033 wykorzystano jedyną kompatybilność minikomputera *CM-4* i komputera EC-1033 z taśmami magnetycznymi.

Opracowano specjalny program konwersji danych z minikomputera *CM-4* do formatu komputera EC-1033 i zapisu na taśmie.

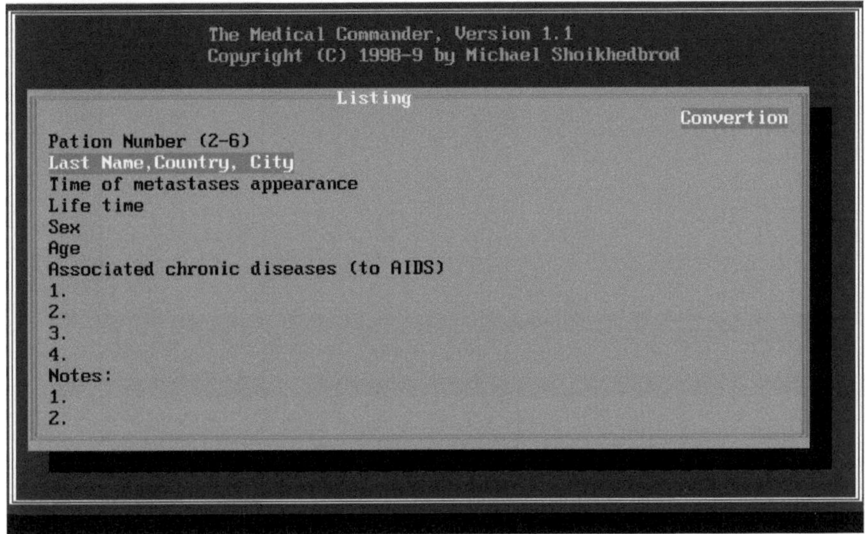

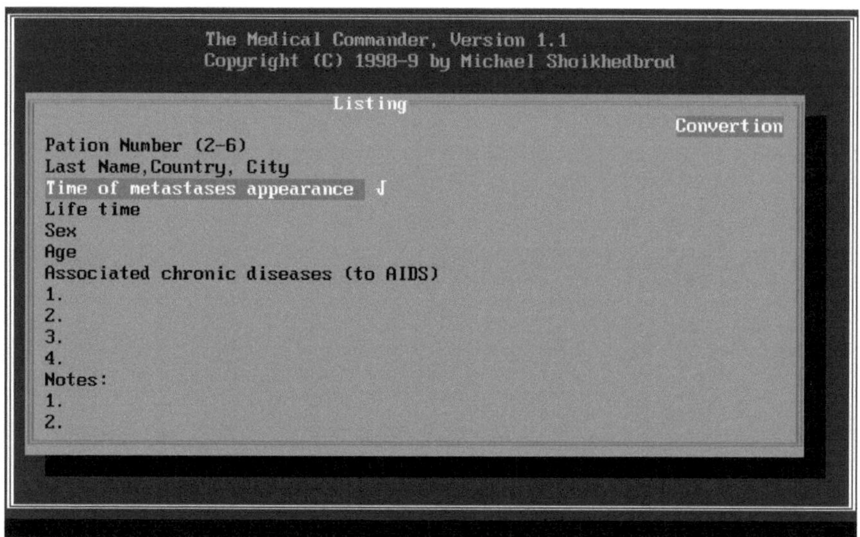

Rysunek 61
Wybór znaku czasu pojawienia się przerzutów wśród wszystkich istniejących pacjentów do dalszego przetwarzania matematycznego

Na komputerze ***EC-1033*** odczytano taśmę magnetyczną i uzupełniono ogólną bazę danych pacjentów onkologicznych o wyniki diagnostyki radiologicznej.

W ten sposób zrealizowano trzy poziomy wprowadzania radiologicznych informacji diagnostycznych do ogólnej bazy danych na taśmie magnetycznej.

Obecnie proces ten jest znacznie uproszczony za pomocą Internetu.

Codzienne wyniki radiologicznej diagnostyki komputerowej gamma-kamery mogą być zrzucane bezpośrednio do ogólnej bazy danych pacjentów onkologicznych z komputera osobistego przez Internet za pomocą plików.

Komputerowa diagnostyka spektroskopowa w podczerwieni (IR- spektroskop) guzów została przeprowadzona przy użyciu opracowanej przez autora i L. L. Shafransky'ego (Kazachski Instytut Badań Naukowych Onkologii i Radiologii) komputerowej diagnostyki spektroskopowej w podczerwieni, klasyfikacji i prognozowania metod leczenia guzów [6].

Zasady komputerowej diagnostyki spektroskopowej w podczerwieni, klasyfikacji i prognozowania metod leczenia nowotworów zostaną opisane poniżej.

Wprowadzanie wyników komputerowej diagnostyki spektroskopowej w podczerwieni do ogólnej bazy danych pacjentów onkologicznych przeprowadzono podobnie jak w przypadku komputerowej diagnostyki radiologicznej gamma-kamery.

Inne formy diagnostyki (analizy histologiczne, molekularno-genetyczne).

Analizy histologiczne, molekularno-genetyczne przeprowadzono w laboratorium Republikańskiej Klinicznej Dyspenserii Onkologicznej (Tadżykistan), a wyniki analiz zostały wprowadzone bezpośrednio do komputera osobistego przez operatora.

3. Automatyczne sortowanie danych pacjentów onkologicznych na temat lokalizacji nowych formacji guza.

Na podstawie poszerzenia wstępnych informacji onkologicznych pacjentów dzięki badaniom dyspozycyjnym (histologicznym, molekularno-genetycznym), a także komputerowej diagnostyce radiologicznej i spektroskopowej w podczerwieni, z wykorzystaniem programu tworzenia i kontroli przez codziennie wypełnianą bazę danych nowotworów, opracowano zautomatyzowaną konstrukcję dokumentacji nowotworów według konkretnych lokalizacji nowych formacji guza.

Klasyfikujący (systematycy) objawy nowych formacje konkretnego guza określali objawy, właściwe tylko nowym formom danego guza, i byli filtrem dla tej konstrukcji.

Takich klasyfikatorów przygotowali pracownicy oddziału onkologii tadżyckiego Państwowego Instytutu Medycznego (Tadżykistan).

W wyniku tego powstała baza danych dokumentów nowotworów do konkretnych lokalizacji nowych formacji guza.

Dokumenty te stanowiły część składową ogólnej bazy danych wprowadzanych i wprowadzanych do pacjentów onkologicznych w poradni onkologicznej.

4. Formalizacja dynamicznej systematyki.

W procesie leczenia pacjentów onkologicznych zachodzą dynamiczne zmiany danych, które dotyczą wyników leczenia guza pierwotnego i ewentualnego pojawienia się przerzutów do innych narządów, zmiany w stadiach choroby, zmiany w stanie zdrowia pacjenta, które rozpoczynają się w trakcie procesu leczenia chirurgicznego, radiologicznego, leczniczego i skojarzonego.

W związku z tym zautomatyzowany system sterowania procesem onkologicznym przewidywał rozszerzenie bazy danych dokumentacji nowotworów o konkretne lokalizacje fiksację za pomocą komputera wszystkich etapów leczenia pacjenta onkologicznego i ciągłe uzupełnianie tej bazy danych o nowe informacje.

W ten sposób baza danych dokumentów nowotworów dla konkretnych lokalizacji została przekształcona z bazy statycznej na bazę dynamiczną.

5. Przetwarzanie statystyczne i analiza uzyskanych danych z wykorzystaniem dostosowanego do przetwarzania informacji medycznych pakietu programów statystycznych ***SSP*** (ang. ***Scientific Subroutine Package***) firmy ***IBM***.

Wszystkie wstępne moduły pakietu zostały wpisane w języku komputerowym ***FORTRAN*** i skompilowane do modułów obciążeniowych do pracy z bazą danych dokumentów nowotworów na konkretnych lokalizacjach na komputerze EC-1033.

Następnie, wraz z pojawieniem się komputerów osobistych, wszystkie początkowe moduły zostały przepisane na język komputerowy C i skompilowane do plików poleceń dla komputera osobistego.

Jak wspomniano wcześniej, zaadaptowany pakiet programów statystycznych ***SSP*** został skoordynowany z programem tworzenia i kontroli przez codziennie wypełnianą bazę danych guzów.

Program, na prośbę badacza, nazwał poszczególne moduły lub wszystkie moduły pakietu do prowadzenia statystycznej obróbki i analizy matematycznej danych, zawartych w dokumentach nowotworów na konkretnych lokalizacjach.

W skład pakietu programów statystycznych ***SSP*** (***Scientific Subroutine Package***) wchodziły następujące moduły:

1. Wstępne przetwarzanie danych:

TALLY - suma, średnia, odchylenia standardowe, wartości minimalne i maksymalne;

PODSTAWA - wybór obserwacji, które znajdują się w przypisanym Granice;

SUBST - wybór podciągu z macierzy obserwacji;

ABSNT - określenie przekazywanych danych;

TAB l - tabulacja danych (jedna zmienna);

TAB2 - tabularyzacja danych (dwie zmienne);

SUBMX - konstrukcja matrycy redukcyjnej;

HIST - wydruk histogramu częstotliwości w odniesieniu do odstępów czasu;

PLOT - rysunek poszczególnych współzależnych zmiennych w stosunku do podstawy zmienna.

2. Korelacja i regresja:

CORRE - średnia, odchylenie standardowe (średnia kwadratowa) i korelacja;

MISR - średnia, odchylenia standardowe, trzeci i czwarty moment, korelacja, współczynniki regresji prostej i ich norma błędy, określenie możliwych pominięć danych;

ZAMÓWIENIE - przegrupowanie korelacji krzyżowej;

MULTR - wielo liniowa regresja;

MINV - dla inwersji matrycowej współczynników korelacji;

GDATA - tworzenie macierzy danych dla regresji wielomianowej;

POLRG - główny program regresji wielomianowej;

STPRG - wieloetapowa regresja liniowa;

PROBT - analiza probabilistyczna;

CANOR - korelacja kanoniczna.

3. Analiza czynnikowa (analiza wartości własnych):

FACTO - główny program analizy czynnikowej;

CORRE - średnia, odchylenie standardowe (średnia kwadratowa) i korelacja;

EIGEN - obliczanie wartości własnych i odpowiadających im wektorów własnych Matryca korelacji;

TRACE - wybór wartości własnych, które są większe lub równe ilości referencyjne, wskazane przez użytkownika;

LOAD - obliczanie macierzy współczynników;

VARMX - zakończenie rotacji varimaxu matrycy czynników.

Statystyczne przetwarzanie danych z dokumentów nowotworów na temat konkretnych lokalizacji pozwala na przeprowadzenie wstępnej ogólnej statystycznej obróbki danych, przeprowadzenie analizy korelacji i regresji danych liczbowych objawów, a także na skonstruowanie matrycy korelacji czynników z wykorzystaniem analizy czynnikowej.

Wyniki przetwarzania statystycznego pozwalają lekarzowi-onkologowi na ustalenie praw rozkładu różnych objawów (czynników) w grupach pacjentów onkologicznych o korzystnych i niekorzystnych wynikach leczenia, a także na ocenę funkcjonalnych powiązań między parą i grupą badanych objawów oraz na określenie znaczenia objawów (wartości korelacji).

Podobna analiza pozwala na wyciągnięcie konkretnych wniosków klinicznych i zaplanowanie taktyki postępowania z pacjentem onkologicznym.

6. Indywidualna prognoza wyboru metody leczenia i jej wyników przy użyciu metody interpolacji matematycznej.

Statystyczne przetwarzanie i analiza uzyskanych danych z wykorzystaniem przystosowanych do przetwarzania informacji medycznych pakietów programów statystycznych ***SSP*** pozwoliły na dostrzeżenie funkcjonalnych powiązań między objawami na poziomie liczb.

Próba ustalenia tych powiązań w pierwszym przybliżeniu jest możliwa, ale mówienie o prognozowaniu regresji, a tym bardziej o bezbłędnym, zindywidualizowanym rokowaniu, które określa możliwość indywidualnego podejścia do monitorowania i leczenia pooperacyjnego pacjentów, nie ma sensu.

Metoda interpolacji modelowania matematycznego jest precyzyjnym prognozowaniem z punktu widzenia matematyki.

Interpolacja w matematyce obliczeniowej jest metodą znajdowania pośrednich wartości punktów węzłowych na istniejącym dyskretnym zbiorze znanych wartości.

Przy przeprowadzaniu obliczeń naukowych i inżynieryjnych, często niezbędnych do operowania zbiorami wartości, uzyskanych eksperymentalnie lub metodą doboru losowego.

Co do zasady, na podstawie tych zbiorów niezbędnych do skonstruowania funkcji, na które z dużą dokładnością mogłyby spaść inne uzyskane wartości.

To zadanie nazywa się przybliżeniem.

Interpolacja nazywana jest taką odmianą aproksymacji, z którą krzywa skonstruowanej eksperymentalnie funkcji przebiega dokładnie przez istniejące punkty danych (punkty węzłowe).

Ponadto interpolacja pozwala przewidzieć (ekstrapolować) punkty eksperymentalnie skonstruowanej funkcji poza granicami przedziału, w którym skonstruowana funkcja jest przypisana.

Algorytm zindywidualizowanego prognozowania wyboru metody leczenia i jego wyniku przy zastosowaniu optymalnej interpolacji matematycznej, został zrealizowany w języku C komputera i opracowany dla zautomatyzowanego systemu sterowania przez proces onkologiczny.

Dla zautomatyzowanego systemu sterowania procesem onkologicznym opracowano algorytm zindywidualizowanej prognozy doboru metody leczenia i jego wyniku, z wykorzystaniem optymalnej interpolacji matematycznej, a następnie zrealizowano w systemie ***Prognoza lekarza dowódcy*** (ryc. 62) na języku programu C.

Jednym z istotnych wyników pracy tego programu było prognozowanie okresów pojawiania się przerzutów i nawrotów choroby u pacjentów onkologicznych, po przeprowadzonym leczeniu.

Program ten służył do prognozowania okresów występowania przerzutów raka płuc; raka szyi macicy; złośliwych guzów jaja; limfogranulomatozy u dzieci; raka piersi u kobiet i mężczyzn; raka żołądka i jelita grubego.

Uzyskane wyniki pozwoliły na stworzenie metod wypracowania najbardziej racjonalnej taktyki postępowania pacjentów onkologicznych po przeprowadzonym leczeniu, dobór okresów badań i prowadzenie terapii profilaktycznej.

7. Wyniki leczenia pacjentów onkologicznych i jego wynik dla każdego nowotworu nowej lokalizacji formacji pozostają na magnetycznych magazynów do dalszego uzupełnienia eksperymentalnej bazy danych do przetwarzania danych statystycznych i dla specjalnie opracowanego programu komputerowego wykorzystania interpolacji matematycznej.

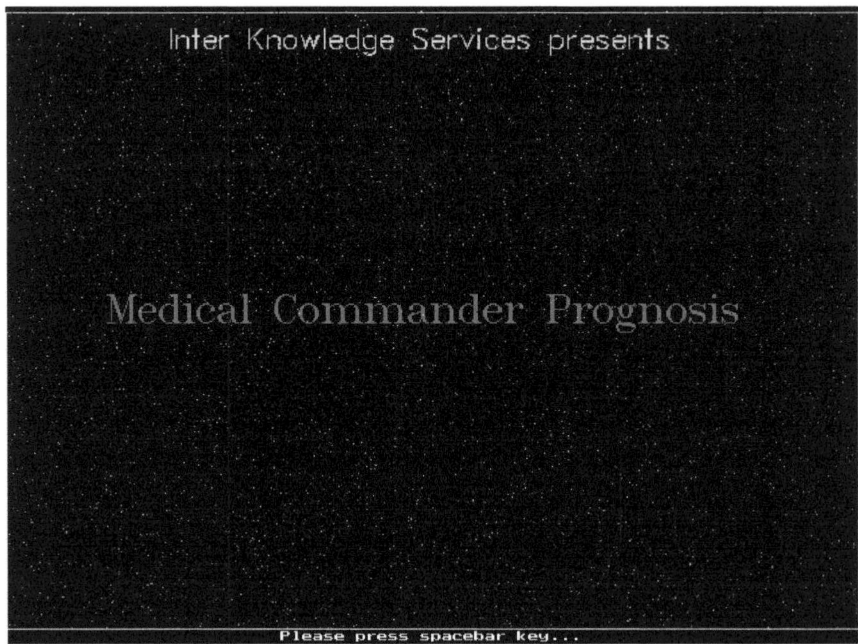

Rysunek 62
Rozpoczęcie pracy systemu ***Prognoza Dowódcy Medycznego***

Na tym etapie pracy zautomatyzowanego systemu kontroli przez proces onkologiczny powstała rozbudowa bazy danych pacjentów onkologicznych dzięki informacjom o stosowanych metodach leczenia oraz informacjom uzyskanym w procesie obserwacji pacjentów na wszystkich etapach leczenia.

Wyniki leczenia pacjentów onkologicznych i jego wynik dla każdej lokalizacji nowej formacji guza jako dane archiwalne zostały zapisane na magnetycznych magazynach do dalszego uzupełnienia bazy danych doświadczalnych do przetwarzania statystycznego i specjalnie opracowany program komputerowy do interpolacji matematycznej, a następnie obserwacji dla pacjentów onkologicznych, zwolniony z dyspozytorni onkologicznej po przeprowadzonym leczeniu.

Opracowany system automatycznej kontroli procesu onkologicznego pozwala nie tylko w każdej chwili uzyskać pełną informację o pacjencie, prowadzonych metodach badania i leczenia, ale przy wykorzystaniu modelowania komputerowego skutecznie uczestniczyć w procesie leczenia pacjentów onkologicznych w praktyce klinicznej.

Skuteczny udział w procesie leczenia pacjentów onkologicznych odbywa się poprzez realizację indywidualnego planowania taktyki badania pacjenta, zindywidualizowanego rokowania, które określa możliwość indywidualnego podejścia do monitorowania i leczenia pooperacyjnego pacjenta, wyboru najbardziej optymalnej metody leczenia i przewidywania jego wyników.

Zasady komputerowej diagnostyki spektroskopowej w podczerwieni, klasyfikacji i prognozowania metod leczenia nowotworów kości

Zastosowanie komputera na podstawie danych z spektroskopii w podczerwieni guzów kości pozwala nie tylko na uproszczenie pracy lekarza leczącego - onkologa, ale także na osiągnięcie głównego celu - rozpoznanie i przeprowadzenie badań nad fizykochemicznym mechanizmem powstawania guza.

W związku z tym opracowano zasadniczo nową metodę diagnostyki - komputerową spektroskopię w podczerwieni guzów kości [6].

Metoda ta pozwala na przeprowadzenie w reżimie czasu rzeczywistego diagnostyki nowotworów na podstawie analizy ilościowej struktur cząsteczek nieorganicznej i organicznej części kości oraz zmian, które napływają do niej wraz z rozwojem procesu patologicznego wśród pacjentów.

W celu zastosowania wskazanej metody w praktyce klinicznej opracowano i zatwierdzono specjalne oprogramowanie na komputerze EC1033 i minikomputerze CM-4, a obecnie na komputerze osobistym, prace esencjonalne, które sprowadzają się do następującego schematu blokowego (rysunek 63):

1. Skład bazy danych wszystkich wprowadzanych pacjentów jest tworzony w formie zgodnej ze sposobem wprowadzania informacji do komputera osobistego.

Zasada konstrukcji tych form opiera się na kodowaniu, tzn. warunkowym przypisaniu każdemu obserwowanemu pacjentowi i każdemu z badanych objawów jego liczby.

Oceny jakościowe badanych objawów są wprowadzane w formie cyfrowej.

Dane ilościowe są zapisywane zgodnie z ich wartościami.

Większość danych przechowywanych w pamięci to komputerowe dokumenty medyczne - widma popiołowych i wysuszonych testów kości badanych pacjentów, karty karetki pogotowia ratunkowego oraz historie chorób.

Wprowadzone informacje zostały wyprodukowane na magnetycznych magazynach komputera osobistego.

Program komputerowy, zrealizowany w języku C komputera, był w stanie załadować informacje, w reżimie dialogowym, do bazy danych magazynów magnetycznych.

2. Obliczenia numeryczne współczynników gęstości optycznych, ekstynkcji, stopni mineralizacji, widm początkowych są wykonywane przy użyciu podstawowych wzorów spektroskopii molekularnej w podczerwieni:

$$T = FFON / F0FON \quad (4.1.1)$$

$$D = Dziennik_{10} 1/T \quad (4.1.2)$$

$$E = (\pi \cdot D \cdot L2) / 4M \quad (4.1.3)$$

$$SM = D / D1 \quad (4.1.4)$$

Gdzie ***T*** - współczynnik transmisji, ***FFON*** - linia absorpcji, ***F0FON*** - podstawowa linia absorpcji, ***D1*** - ***współczynnik gęstości optycznej*** organicznej i nieorganicznej części widma, ***D*** - współczynnik gęstości optycznej nieorganicznej części widma, ***E*** - współczynnik ekstynkcji, ***SM*** - stopień mineralizacji, ***M*** - masa próbki, ***L*** - średnica próbki.

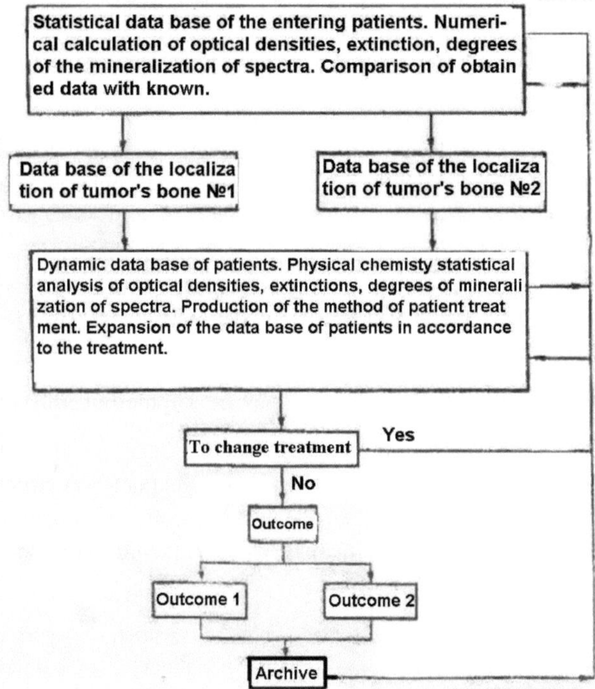

Rysunek 63
Schemat blokowy specjalnego oprogramowania

Analityczne i graficzne zależności obliczonych wartości od liczb fal wykonywane są za pomocą specjalnie opracowanego programu komputerowego o optymalnej interpolacji.

3. Guzy kości charakteryzują się takim związkiem substancji nieorganicznej i organicznej, który łatwo i prosto można odkryć metodą spektroskopii w podczerwieni.

Wcześniej przeprowadzone badania wykazały, że zdrowe, łagodne i złośliwe tkanki kości mają charakterystyczną grupę fal w spektrum podczerwieni próbki popiołu: ***570, 610, 880, 1050, 1080, 1120, 1430, 1460 cm-1***.

Różnice między nimi polegają na różnych wartościach stopnia mineralizacji.

Tak więc stopień mineralizacji guzów łagodnych pod względem swojej wartości jest mniejszy niż stopień mineralizacji tkanek zdrowych.

Stopień mineralizacji guzów złośliwych jest z kolei niższy od stopnia mineralizacji guzów łagodnych.

W związku z tym pełna informacja o wszystkich znanych spektrach zdrowych, łagodnych, złośliwych tkanek kostnych, a także odpowiadających im stopniach mineralizacji wraz z komentarzami została zapisana na magnetycznej pamięci komputera osobistego (dysk twardy, sterownik USB).

Dane początkowe badanych pacjentów, rozszerzone o widma gęstości optycznej, ekstynkcji, o stopień mineralizacji, są porównywane z danymi magnetycznej pamięci komputera osobistego.

Przy zbieżności danych początkowych ze standardami, typowy, odpowiadający dokładnie objawowi diagnostycznemu, na którym wydrukowano tekst diagnozy pacjenta z pamięci magnetycznej, został umieszczony na ekranie komputera.

4. Na podstawie uzyskanych w trakcie procesu diagnostyki danych tworzona jest, przy użyciu komputera, konstrukcja bazy danych spektroskopii w podczerwieni oraz sformalizowane historie choroby badanych kości na konkretnych lokalizacjach guzów.

Należy zauważyć, że ta baza danych nie jest odizolowana od bazy danych wprowadzanych pacjentów. To jest jego droga.

We wskazanym schemacie zapewnione jest oddzielne kodowanie tych baz danych w celu uzyskania niezbędnych informacji na temat regulowanych i nieregulowanych wniosków na każdym etapie badania i leczenia pacjenta.

5. W procesie leczenia pacjentów onkologicznych dochodzi do dynamicznej zmiany danych, wprowadzanych do komputera z widm testów popiołowych i wysuszonych oraz odpowiadających tym testom informacji z kart ambulansowych i historii choroby.

Dane dotyczące dynamicznych zmian dotyczą wyników leczenia guza pierwotnego i jego przerzutów, zmian w stadiach choroby, stanu pacjenta, które pojawiają się w procesie leczenia chirurgicznego, radiacyjnego, leczniczego i skojarzonego.

W związku z tym zapewniona jest rozbudowa bazy danych pierwotnych ze względu na fiksację, przy użyciu spektrofotometru na podczerwień i komputera, wszystkich etapów leczenia pacjentów i ciągłe uzupełnianie bazy danych o te dane.

W konsekwencji dochodzi do przekształcenia bazy danych statystycznych w dynamiczną bazę danych.

6. Statystyczna analiza chemiczno-fizyczna gęstości optycznych, ekstynkcji i stopni mineralizacji widm próbek pacjentów, uzyskana w wyniku badań diagnostycznych i leczenia nowotworów złośliwych, prowadzona jest w zakresie charakterystycznych liczb fal na podstawie metod modelowania matematycznego.

Metody te obejmują programy optymalnej interpolacji i aproksymacji, analizy korelacji i regresji, przeznaczone do ustalania funkcjonalnych połączeń pomiędzy parą lub grupą IR- spektroskopowych badanych parametrów próbek pacjentów, odpowiadających określonym liczbom fal oraz wykreślania analitycznych i graficznych zależności gęstości optycznych, ekstynkcji, stopni mineralizacji od charakterystycznych liczb fal.

Na podstawie przeprowadzonej analizy, następnie dopracowano i wdrożono klasyfikację guzów kości w celu identyfikacji rozpoznawania guzów oraz badanie mechanizmu powstawania i rozwoju guza.

7. Rozbudowa bazy danych pacjentów onkologicznych w wyniku fiksacji, przy użyciu komputerowego spektrofotometru, widm próbek pacjenta, które odpowiadają zastosowanym metodom leczenia oraz informacji uzyskanych w procesie obserwacji pacjentów w okresie leczenia.

8. Budowa archiwum przetrwania pacjentów i stałe uzupełnianie go o informacje o

pacjentach, wypisywanych z organizacji medycznej po przeprowadzonym leczeniu.

Opracowane oprogramowanie pozwala na wykorzystanie nowoczesnych metod analizy chemii fizycznej i modelowania matematycznego w diagnostyce, leczeniu i prowadzeniu pacjentów onkologicznych.

Metoda komputerowej spektroskopii w podczerwieni pozwala na wdrożenie pracy w reżimie czasu rzeczywistego, tj. na uzyskanie informacji o pacjencie na etapie badania, leczenia i obserwacji w ciągu kilku sekund.

Opracowane programy dają możliwość, za pomocą spektrofotometru komputerowego, zbadania mechanizmu chemii fizycznej powstawania guza, a także aktywnego uczestniczenia w procesie leczenia nowotworów złośliwych nowych formacji.

Istotą korzystania z komputera w tym przypadku jest ustalenie podstawowych przyczyn fizykochemicznych pojawienia się choroby, realizacja prognozy jej wyniku, wybór optymalnych metod leczenia.

Uzyskane wyniki dają lekarzowi możliwość zastosowania szeregu nowych testów, schematów, które znacznie zwiększają skuteczność diagnostyki, oraz wyboru metody leczenia.

4.2 Komputerowa prognoza uogólnienia guza proces po zabiegu

Rokowanie wyników leczenia nowotworów złośliwych nowych formacji jest bardzo ważnym i istotnym problemem onkologii klinicznej.

Usprawnienie istniejących metod leczenia i opracowanie nowych metod prowadzi do konieczności stworzenia skutecznej estymacji tych metod.

Uzyskane w tym przypadku dane pozwalają nie tylko na oszacowanie odległych wyników leczenia różnymi metodami, ale również dają możliwość uzyskania podobnych wyników, przy późniejszym zastosowaniu tych metod leczenia.

Jednak w praktyce klinicznej często spotyka się przypadki, w których metoda leczenia, która okazała się skuteczna u jednego pacjenta, może być nieskuteczna u drugiego.

Wiąże się to z faktem, że przeprowadzone leczenie wpływa nie tylko na wynik choroby, ale także na znaczną ilość innych czynników, które decydują o ostatecznej analizie rokowania.

Konwencjonalna procedura prognozowania, oparta na ocenie etapu procesu, nie może już zadowolić klinicystów ze względu na jej niską dokładność.

Ten ostatni fakt powoduje, że krajowe i międzynarodowe klasyfikacje stadiów choroby nie tylko opierają się na oszacowaniu niezwykle ograniczonej liczby czynników prognostycznych, ale także pozwalają na ich arbitralną interpretację.

W związku z tym wyjaśnione są znaczne różnice zdań co do wyników oceny jednej i tej samej metody leczenia na materiale różnych autorów.

Co więcej, ta metoda prognozowania (tzw. prognoza ogólna) ma bardzo istotną wadę: nie pozwala na rzetelną ocenę rokowania dla każdego konkretnego pacjenta.

Ten sam niedobór jest typowy dla opracowanych metod prognozowania na podstawie analizy kinetycznej, która wprawdzie pozwala na stosunkowo krótki czas uzyskania obrazu żywotności w kolejnych latach w grupie leczonych pacjentów, jednak nie daje możliwości indywidualnego prognozowania przebiegu choroby u każdego pacjenta.

W związku z tym stosowanie w praktyce klinicznej metod indywidualnego prognozowania i wyników leczenia nie budzi wątpliwości.

Znaczenie indywidualnego określania rokowania tłumaczy się wieloma okolicznościami.

Po pierwsze, indywidualne rokowania dla każdego pacjenta pozwalają na wybór grupy pacjentów, których radykalne leczenie prowadziłoby do trwałego powrotu do zdrowia, tj. nie mniej niż 5 lat.

Pacjenci ci nie wymagają ani dodatkowego leczenia profilaktycznego, ani zbyt częstych badań, które, jak wiadomo, są czasochłonne i kosztowne.

W drugim przypadku, w przypadku tych pacjentów, u których nie można osiągnąć stabilnego powrotu do zdrowia przy pomocy istniejących metod leczenia, indywidualne rokowania pozwoliłyby na ustalenie odpowiednich okresów badań po leczeniu.

Podobne podejście nie tylko pomogłoby w rozwoju objawów progresji procesu nowotworowego w najwcześniejszych jego etapach, ale także wyeliminowałoby konieczność przeprowadzania częstych badań w pierwszych miesiącach po operacji u tych pacjentów, u których prognozuje się wystąpienie odległych przerzutów lub nawrotów w wystarczająco odległych okresach.

Po trzecie, taktyka postępowania z pacjentem w okresie pooperacyjnym, oparta na wynikach indywidualnych prognoz, pozwoliłaby na uniknięcie nieuzasadnionego lub spóźnionego stosowania leczenia profilaktycznego, które w określonych okolicznościach może gwałtownie zmniejszyć odporność immunobiologiczną organizmu i prowadzić do progresji procesu nowotworowego.

Rozwiązanie problemu indywidualnego rokowania było do niedawna utrudnione ze względu na konieczność przeprowadzenia kompleksowej (wieloczynnikowej) analizy dużej liczby objawów rokowniczych.

Szerokie zastosowanie w praktyce medycznej metod komputerowego modelowania matematycznego pozwala na opracowanie nowych metod indywidualnego prognozowania leczenia szeregu nowych złośliwych formacji.

Szczególne znaczenie ma komputerowa interpolacja pojawienia się u pacjentów onkologicznych objawów progresji procesu nowotworowego w różnych okresach czasu po operacji.

Istnieje duże zainteresowanie rokowaniem metodą interpolacji komputerowej różnych czynników wśród pacjentów z już rozwiniętymi przerzutami.

W tym kierunku [9] **przeprowadzono** badania nad wpływem takich czynników jak: stan hormonalny, okres występowania przerzutów, obecność przerzutów pojedynczych lub mnogich na rokowanie chorych z ujawnionymi przerzutami raka płuca, szyi macicy, nowotworów złośliwych jaja i chłoniaka u dzieci, guzów piersi u kobiet i mężczyzn oraz guzów żołądka i jelita grubego.

W [8] opracowanie statystyczne zostało przedstawione jako wieloczynnikowa prognoza regresji, która pozwala praktycznie zindywidualizować bezbłędne rokowanie, co decyduje o możliwości indywidualnego podejścia do monitorowania i leczenia pooperacyjnego chorych.

Analiza danych czynników produkcji (programy ***FACTO***, ***CORRE***, ***EIGEN***,

TRACE, ***LOAD***, ***VARMX*** pakietu ***SSP*** lub w [8] "ФАКТОР") określa wartości korelacji każdego czynnika z wszystkimi pozostałymi czynnikami.

Ilość czynników nie jest ograniczona przez ***15*** czynników, jak to miało miejsce w [8], ale jest określana przez ustawienie pamięci w programie dla macierzy według wielkości ***N*** (ilość czynników) ***x N*** (liczba pacjentów).

O przybliżonej regresji wieloliniowej można mówić tylko w przypadku wartości stałych korelacji równej ***1***, tj. ***100%***, ale w [8] wartości te nie przekraczały ***80%***.

Ponadto, nawet jeśli wartości korelacji osiągną - ***1*** i jeden współczynnik można obliczyć poprzez resztę (regresja wieloliniowa - program ***MULTR*** (***SSP***)) na wzorze:

$$Y1 = aY2 + bY3 + cY4 + dY5 + . \quad . \quad . \qquad (4.2.1)$$

gdzie ***Y1, Y2, Y3, Y4, Y5 ...*** - współczynniki, oraz ***a, b, c, d ...*** obliczone przez program współczynniki regresji wielorakiej, to mówiąc o prognozie nie ma sensu, ponieważ ta zależność funkcjonalna może być nieliniowa, wielomianowa i tak dalej.

Analiza czynnikowa pozwala stwierdzić, że związek ten istnieje na poziomie liczb i może nawet próbować ustalić jego pierwsze przybliżenie (1.2.1), ale mówienie o wieloczynnikowej prognozie regresji, a tym bardziej o bezbłędnym, zindywidualizowanym rokowaniu, które określa możliwość indywidualnego podejścia do monitorowania i leczenia pooperacyjnego pacjentów, nie ma sensu.

Metoda interpolacji modelowania matematycznego jest precyzyjnym prognozowaniem z punktu widzenia matematyki.

Interpolacja w matematyce obliczeniowej przedstawia sposób znajdowania wartości pośrednich punktów węzłowych na istniejącym dyskretnym zbiorze znanych wartości.

W ramach prowadzenia obliczeń naukowych i inżynieryjnych, często niezbędnych do pracy ze zbiorami wartości uzyskanych eksperymentalnie lub metodą doboru losowego.

Co do zasady, na podstawie tych zbiorów niezbędnych do skonstruowania funkcji, na które z dużą dokładnością mogłyby spaść inne uzyskane wartości.

To zadanie nazywa się przybliżeniem.

Interpolacja nazywana jest taką odmianą aproksymacji, w której krzywa skonstruowanej eksperymentalnie funkcji przebiega dokładnie przez istniejące punkty danych (punkty węzłowe).

Ponadto interpolacja pozwala na przewidywanie (ekstrapolację) punktów skonstruowanej eksperymentalnie funkcji poza granicami przedziału, w którym skonstruowana funkcja jest przypisana.

Matematyczna istota interpolacji składa się z następujących elementów.

Często wymagane jest przywrócenie funkcji $f(x)$ dla wszystkich wartości x w przedziale, $a \leq x \leq b$, jeżeli jej wartości są znane w pewnej skończonej liczbie punktów tego przedziału.

Wartości te można znaleźć jako wyniki obserwacji (pomiarów) w niektórych eksperymentach w pełnej skali lub jako wynik obliczeń.

Ponadto funkcja $f(x)$ jest obliczana za pomocą wzoru, a obliczenia jej wartości w tym wzorze są bardzo pracochłonne; dlatego też pożądane jest, aby dla funkcji mieć prostszy (mniej pracochłonny dla obliczeń) wzór, który pozwoliłby na znalezienie przybliżonej wartości rozpatrywanej funkcji z wymaganą dokładnością w dowolnym punkcie odstępu czasu.

W wyniku tego pojawia się następujące zadanie matematyczne.

Założmy, że przedział jest nadawany przez siatkę $\acute{\omega} = \{x0 = a < x < \ldots < xn = b\}$ *a w* jego punktach węzłowych są nadawane przez wartości funkcji y(x), ***równe*** $y(x0) = y0 \ldots y(xi) = yi, \ldots, y(xn) = yn$.

Niezbędne do skonstruowania interpolanta - funkcja $f(x)$, która pokrywa się z funkcją $y(x)$ w punktach siatki:

$$f(xi) = yi, \quad i = 0, 1, \ldots, n \qquad (4.2.2)$$

Podstawowy cel interpolacji - uzyskanie szybkiego (ekonomicznego) algorytmu obliczania wartości $f(x)$ dla wartości x, które nie są zawarte w tabeli danych.

Podstawowe pytanie: jak wybrać interpolant $f(x)$ i jak oszacować błąd $y(x) - f(x)$?

Funkcje interpolujące $f(x)$, *z* reguły, są budowane w formie liniowych kombinacji niektórych funkcji elementarnych;

$f(x) = \sum_{k=0}^{n} c_k F_k(x)$ (4.2.3)

gdzie $F_k(x)$ - stałe funkcje liniowo niezależne, $c_0, c_1, ..., c_n$ - jeszcze nie ustalone współczynniki.

Otrzymamy więc układ $n+1$ równań względem współczynników $\{c_k\}$:

$$\sum_{k=0}^{n} c_K F_k(x(i)) \quad (4.2.4)$$

Załóżmy, że układ funkcji $F_k(x)$ jest taki, że przy dowolnym wyborze punktów węzłowych $a = x_0 < x_1 < ... < x_n = b$ wyznacznik układu jest różny od zera:

$$\Delta F = \begin{vmatrix} F_0(x_0) & F_1(x_0) & F_2(x_0) & ... & F_n(x_0) \\ F_0(x_1) & F_1(x_1) & F_2(x_1) & ... & F_n(x_1) \\ ..... & & & & \\ F_0(x_n) & F_1(x_n) & F_2(x_n) & ... & F_n(x_n) \end{vmatrix} \quad (4.2.5)$$

Następnie po przypisaniu $Y(i)$ $(i = 0,1, ...,n)$ współczynniki c_K $(\kappa = 0,1, ...,n)$ są jednoznacznie określone.

Wybór formy wielomianu $F(x)$ określa rodzaj interpolacji, a na podstawie uzyskanych współczynników c_k i jego wartości w punktach można określić punkty interpolacji $f(x)$.

Autor opracował algorytm optymalnej interpolacji informacji medycznej.

Modelowanie optymalnego obliczenia punktów interpolacji danych medycznych przeprowadzono poprzez porównanie wszystkich zastosowanych przez algorytm metod interpolacji na błędzie $y(x) - f(x)$ oraz automatyczny wybór interpolacji z najmniejszą wartością błędu.

Zastosowano następujące metody interpolacji: wielomianowa interpolacja (wielomian typu $\sum_{k=0}^{n} c_k x^k$); interpolacja Newtona (wielomian Newtona); interpolacja spline-interpolacja, gdy pomiędzy sąsiadującymi punktami siatki funkcja jest interpolowana wielomianem liniowym, sześciennym, wielomianem pierwszej, trzeciej potęgi (liniowe, sześcienne interpolacje spline-interpolacje); interpolacja metodą najmniejszych kwadratów (wielomian jest obliczany tą metodą) oraz interpolacja metodą ułamków racjonalnych (wielomian jest obliczany tą metodą).

Schemat blokowy opracowanego algorytmu przedstawiony jest na rysunku 64.

1. Wprowadzanie danych po obróbce statystycznej (po programie budowy histogramów ***HIST***).

Pod kontrolą systemu ***Medical Commander*** w reżimie ***Konwersji wybierany*** jest znak, który może być badany, np. okresy pojawiania się przerzutów dla wszystkich istniejących w bazie danych pacjentów do budowy histogramów (ryc. 65).

Rysunek 66 ilustruje dobór danych dotyczących okresów pojawiania się przerzutów dla wszystkich istniejących w bazie danych pacjentów pod kontrolą systemu ***Tabela*** budowy histogramów.

Dowódca Medyczny i ***Tabela*** obliczają interwały i częstotliwości występowania pacjentów onkologicznych na danym znaku, co należy zbadać, tj. procentową ilość pacjentów w przypisanym interwale przewidywalnego znaku, dotyczącą wszystkich pacjentów we wszystkich interwałach przewidywalnego znaku.

Jeżeli przewidywalnym objawem jest okres pojawienia się przerzutów u pacjentów onkologicznych po przeprowadzonym leczeniu, wówczas w wyrażeniu procentowym wpisuje się liczbę pacjentów, rozłożoną przez program budowy histogramów, na przedziałach czasowych okresów pojawienia się przerzutów.

Rycina 67 ilustruje dane, wprowadzone w reżimie ***Konwersji Dowódcy Medycznego*** systemu, do wyliczania odstępów czasowych i częstotliwości występowania pacjentów onkologicznych, a Rycina 68 przedstawia wyniki obliczeń.

Rycina 69 ilustruje dane, wprowadzone pod kontrolą systemu ***Tabeli***, do wyliczania odstępów czasu i częstotliwości występowania pacjentów onkologicznych, a Rycina 70 przedstawia wyniki obliczeń.

2. Wprowadzone dane stają się punktami węzłowymi dla przeprowadzenia optymalnej interpolacji.

Równolegle, przy użyciu systemu ***Medical Commander Prognosis***, obliczanie punktów interpolacji i błąd ***y(x) - f(x)*** jest wytwarzane metodami interpolacji wielomianowej, interpolacji Newtona, interpolacji liniowej i sześciennej,

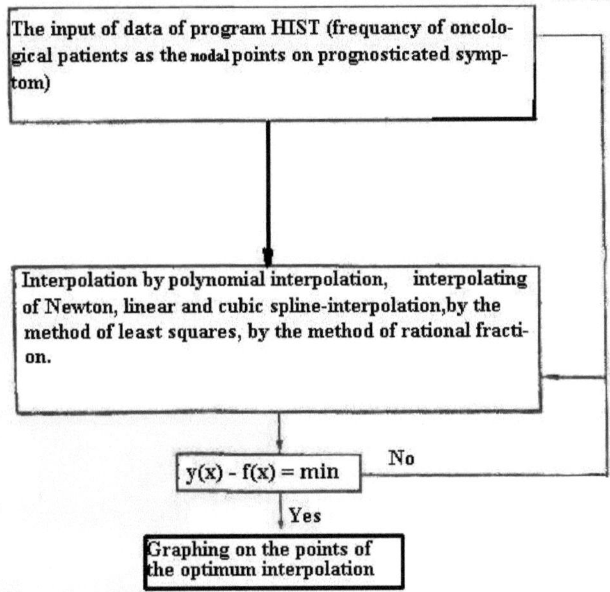

Rysunek 64
Schemat blokowy opracowanego algorytmu

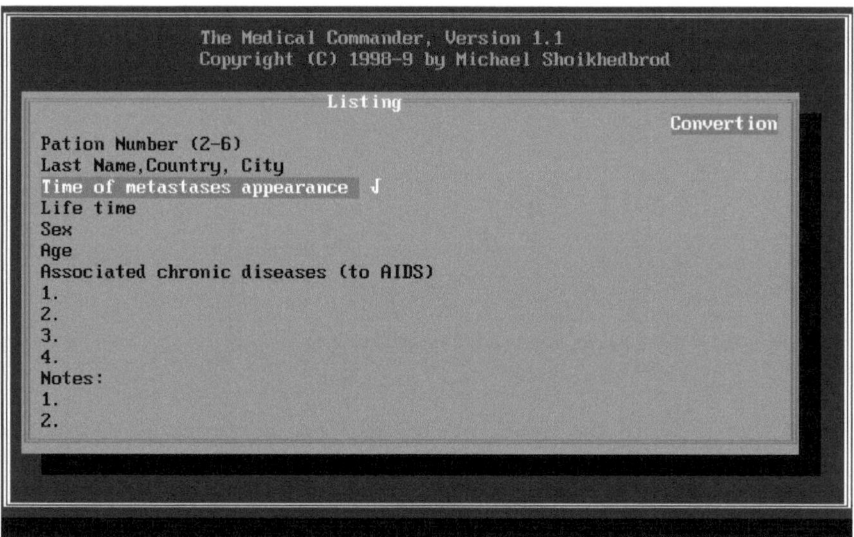

Rysunek 65
W reżimie ***Konwersji*** systemu ***Dowódca Medyczny wybierany*** jest znak, który należy zbadać: okresy pojawiania się przerzutów wśród wszystkich istniejących w bazie danych pacjentów do budowy histogramów.

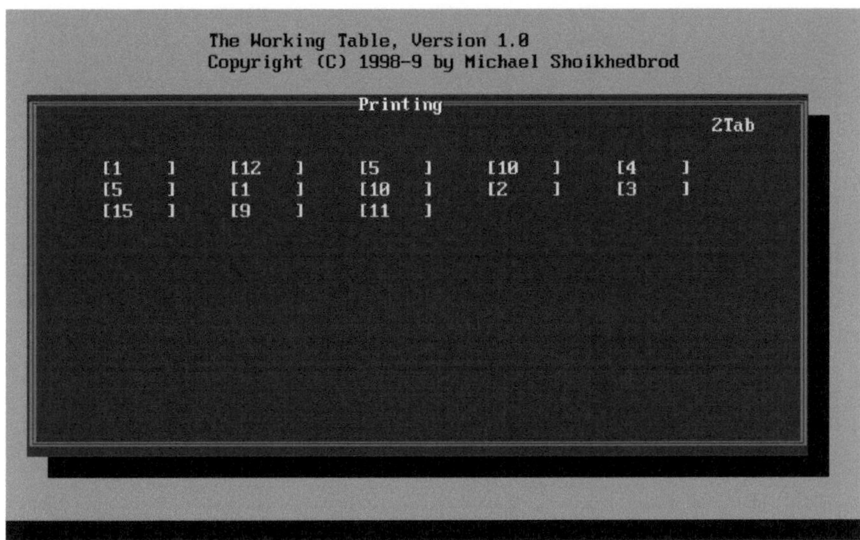

Rysunek 66

Wybór danych dotyczących okresów pojawienia się przerzutów dla wszystkich istniejących w danych podstawy pacjentów pod kontrolą systemu ***Tabela*** do budowy histogramów.

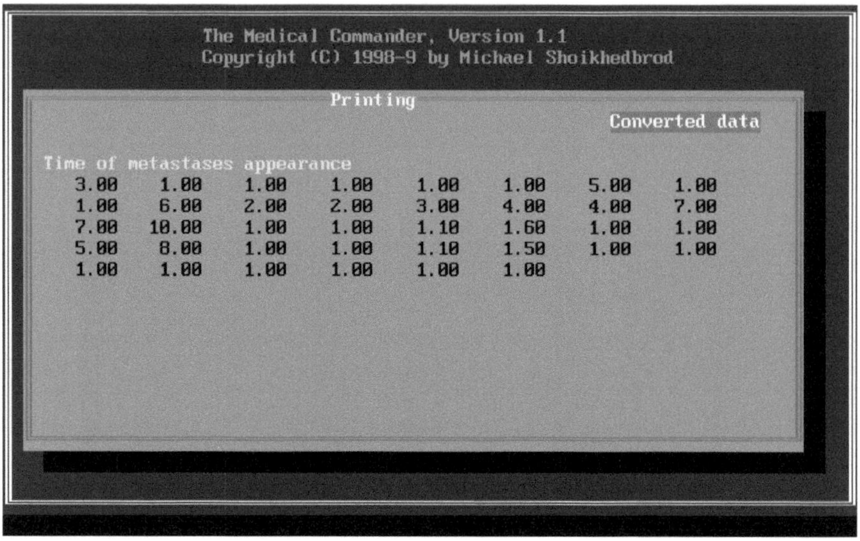

The Medical Commander, Version 1.1
Copyright (C) 1998-9 by Michael Shoikhedbrod

Printing

Converted data

Time of metastases appearance

3.00	1.00	1.00	1.00	1.00	1.00	5.00	1.00
1.00	6.00	2.00	2.00	3.00	4.00	4.00	7.00
7.00	10.00	1.00	1.00	1.10	1.60	1.00	1.00
5.00	8.00	1.00	1.00	1.10	1.50	1.00	1.00
1.00	1.00	1.00	1.00	1.00	1.00		

Rysunek 67
Dane, wprowadzone w reżimie ***Konwersji*** systemu ***Dowódca Medyczny***, do wyliczania odstępów czasowych i częstotliwości występowania pacjentów onkologicznych

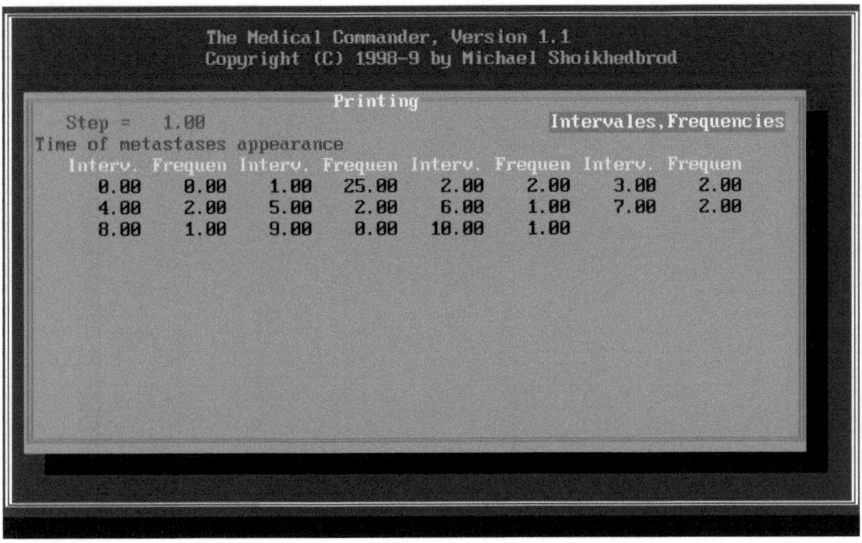

The Medical Commander, Version 1.1
Copyright (C) 1998-9 by Michael Shoikhedbrod

Printing

Step = 1.00 Intervales, Frequencies

Time of metastases appearance

Interv.	Frequen	Interv.	Frequen	Interv.	Frequen	Interv.	Frequen
0.00	0.00	1.00	25.00	2.00	2.00	3.00	2.00
4.00	2.00	5.00	2.00	6.00	1.00	7.00	2.00
8.00	1.00	9.00	0.00	10.00	1.00		

Rysunek 68

Wyniki obliczeń interwałów i częstości występowania pacjentów onkologicznych w ramach kontrola systemu ***Dowódca medyczny***

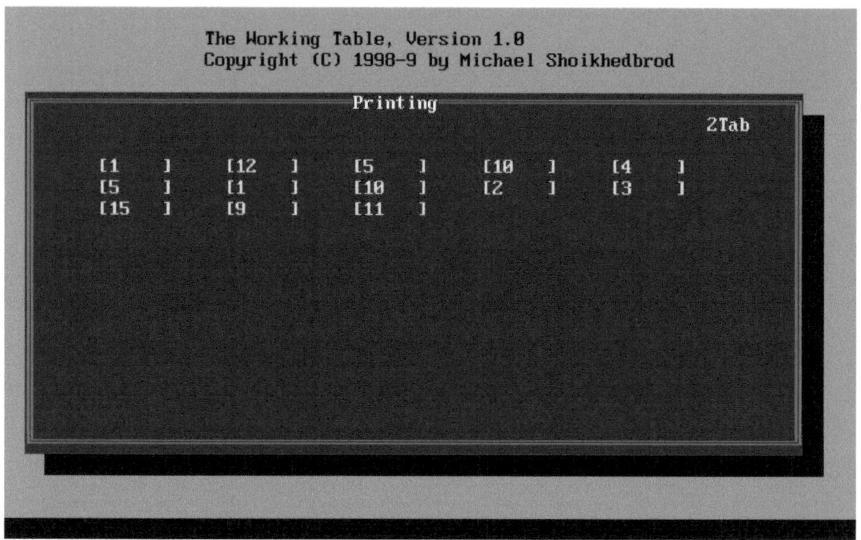

Rysunek 69

Dane, wprowadzane pod kontrolą ***tabeli*** systemowej, do wyliczania przedziałów czasowych i częstotliwości występowania pacjentów onkologicznych.

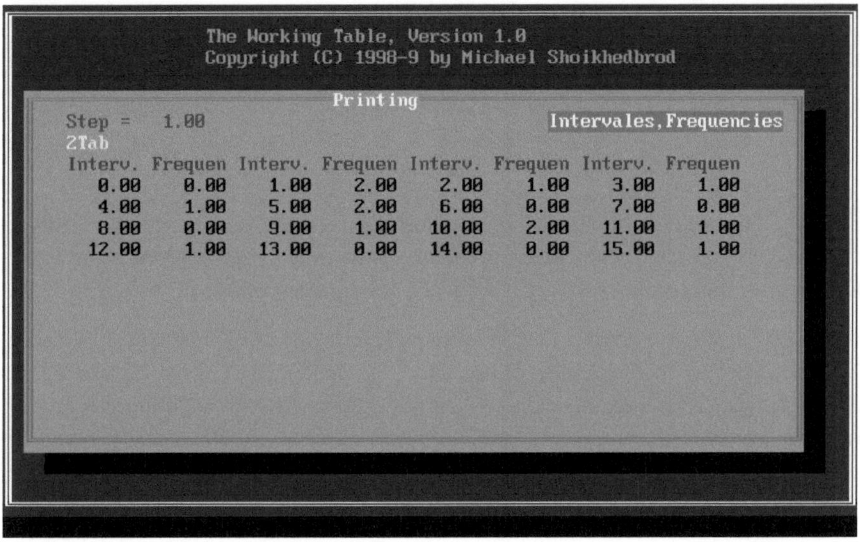

The Working Table, Version 1.0
Copyright (C) 1998-9 by Michael Shoikhedbrod

Printing

Step = 1.00 Intervales,Frequencies

ZTab

Interv.	Frequen	Interv.	Frequen	Interv.	Frequen	Interv.	Frequen
0.00	0.00	1.00	2.00	2.00	1.00	3.00	1.00
4.00	1.00	5.00	2.00	6.00	0.00	7.00	0.00
8.00	0.00	9.00	1.00	10.00	2.00	11.00	1.00
12.00	1.00	13.00	0.00	14.00	0.00	15.00	1.00

Rysunek 70
Wyniki obliczeń interwałów i częstości występowania pacjentów onkologicznych w ramach kontrola systemu ***tabeli***

interpolacja metodą najmniejszych kwadratów i interpolacja metodą frakcji racjonalnych do momentu określenia metody optymalnej z minimalnym błędem.

3. Funkcje węzłowe i interpolacyjne zbudowały wykresy według uzyskanych danych o optymalnej interpolacji, a wartości liczbowe tych funkcji są drukowane na ekranie komputera.

Rysunek 71 ilustruje wykres funkcji węzłowej, uzyskanej na podstawie danych wprowadzonych pod kontrolą systemu ***Medical Commander***, oraz wydruk jej wartości liczbowych z wykorzystaniem systemu ***Medical Commander Prognosis***.

Rysunek 72 ilustruje wykres funkcji interpolacji, obliczonej metodą optymalnej interpolacji (***Medical Commander Prognosis***) na funkcji węzłowej, uzyskanej na podstawie danych, wprowadzonych pod kontrolą systemu ***Medical Commander***, oraz wydruk jej wartości liczbowych z wykorzystaniem systemu ***Medical Commander Prognosis***.

Rysunek 73 ilustruje wykres funkcji węzłowej, uzyskanej na podstawie danych wprowadzonych pod kontrolą ***tabeli*** systemów oraz wydruk jej wartości liczbowych z wykorzystaniem systemowej ***Prognozy Dowódcy Medycznego***.

Rysunek 74 przedstawia wykres funkcji interpolacji, obliczonej metodą optymalnej interpolacji (***Medical Commander Prognosis)*** na funkcji węzłowej, uzyskanej na podstawie danych, wprowadzonych pod kontrolą systemów z ***Tabeli***, oraz wydruk jej wartości liczbowych z wykorzystaniem systemu ***Medical Commander Prognosis***.

Opracowany system optymalnej interpolacji ***Rokowania Kierownika Medycznego*** został zrealizowany w języku programowania C.

Wykorzystanie opracowanego programu optymalnej interpolacji do prognozowania o postępie procesu nowotworowego u pacjentów onkologicznych w zakresie praktyka kliniczna

Do chwili obecnej w literaturze **[10]** badacze uważają, że zależność okresów pojawiania się przerzutów guzów ma postać wykładniczą, tj. liczba chorych z występującymi przerzutami i wielkość guza spada wykładniczo w tym czasie (ryc. 75).

Jednak jeszcze w 1991 roku autorzy **[9]** wykazali pierwsze wyniki zastosowania optymalnej interpolacji do przewidywania okresów pojawiania się przerzutów u chorych onkologicznych po przeprowadzonym leczeniu i obalili tę opinię.

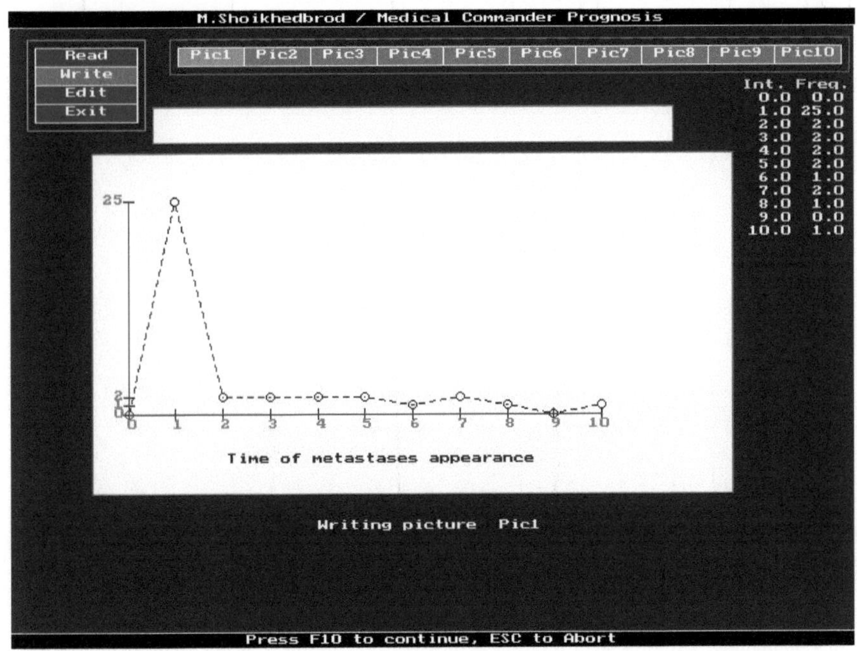

Rysunek 71

Wykres funkcji węzłowej, uzyskany na podstawie danych, wprowadzonych pod kontrolą systemu ***Dowódca Medyczny*** i wydruk jego wartości liczbowych za pomocą systemu ***Dowódca Medyczny Prognoza dowódcy***.

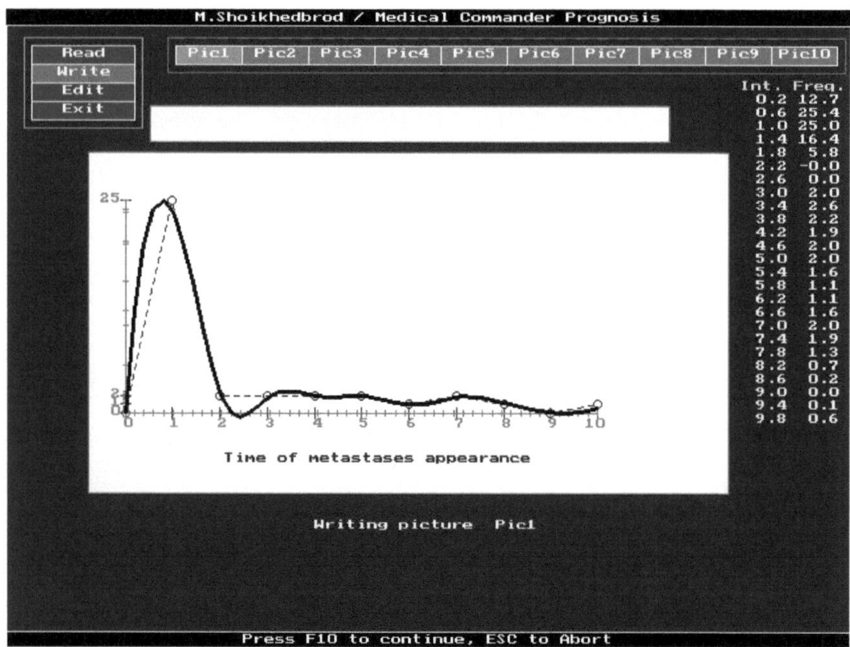

Rysunek 72

Wykres funkcji interpolacji, obliczony metodą optymalnej interpolacji (***Medical Commander Prognosis)*** na funkcji węzłowej, uzyskany na podstawie danych, wprowadzonych pod kontrolą systemu ***Medical Commander***, i wydruk jego wartości liczbowych przy użyciu systemu ***Medical Commander Prognosis***.

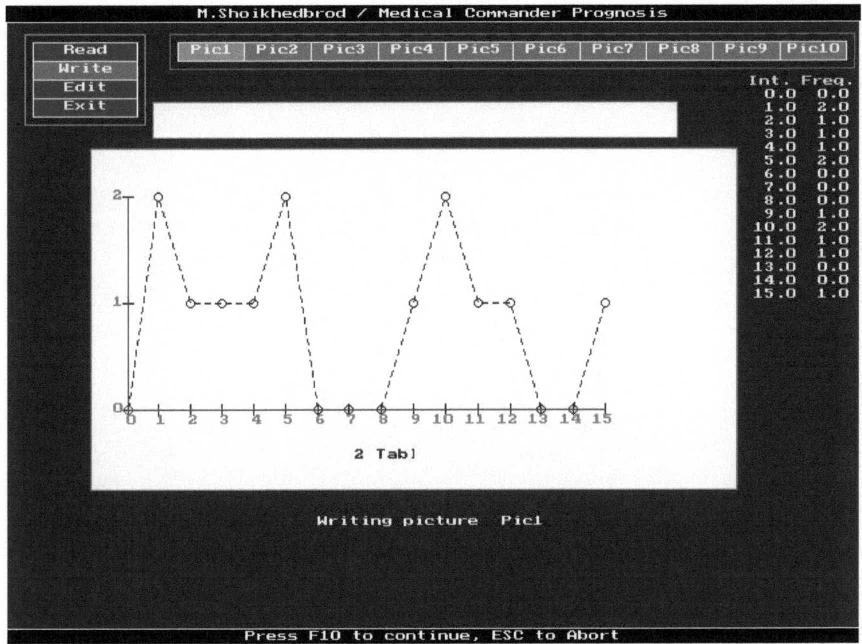

Rysunek 73

Wykres funkcji węzłowej, uzyskany na podstawie danych, wprowadzonych pod kontrolą ***tabela*** systemowa i wydruk jej wartości liczbowych przy użyciu systemu ***Dowódca Medyczny Prognoza***.

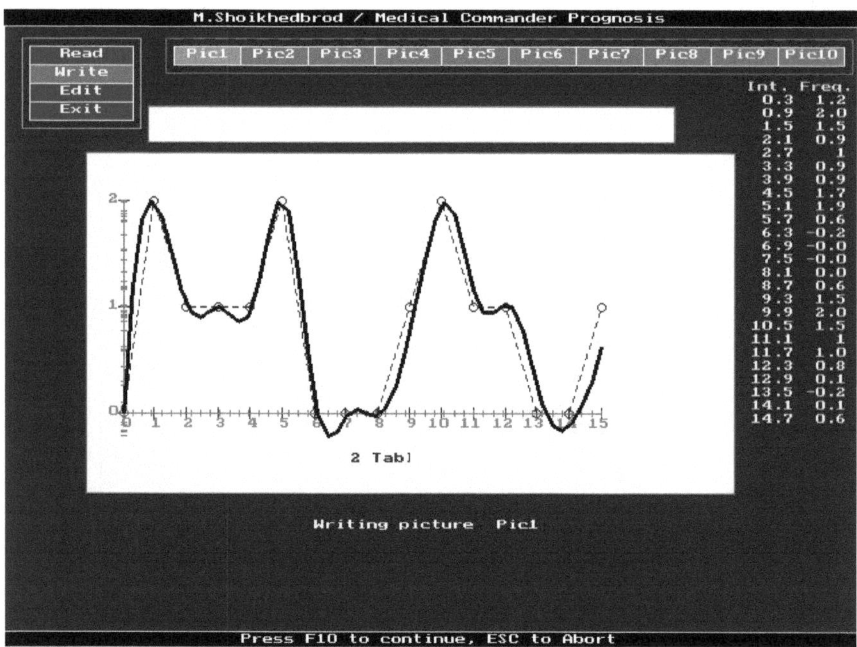

Rysunek 74

Wykres funkcji interpolacji, obliczony metodą optymalnej interpolacji (***Prognoza Dowódcy Medycznego***) na temat funkcji węzłowej, uzyskane zgodnie z danymi, wprowadza się pod kontrolą ***tabeli*** systemowej i drukuje się jego wartości liczbowe za pomocą System ***medyczny***. ***Prognoza dowódcy medycznego.***

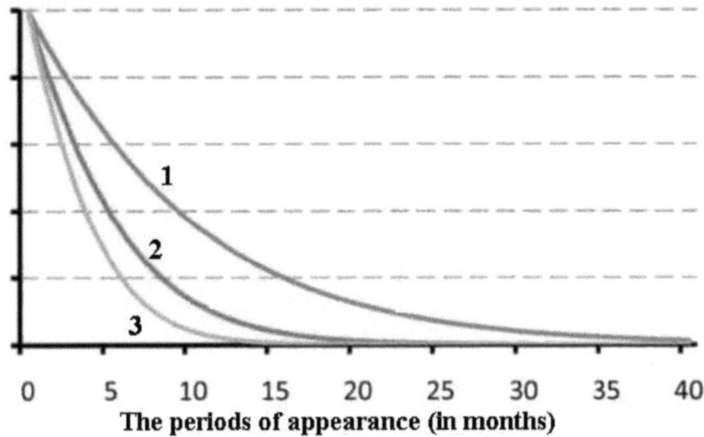

Rysunek 75
Zależność okresów pojawiania się przerzutów guzów wśród pacjenci onkologiczni na czas
1, 2, 3 - różne złośliwe nowe formacje

Po raz pierwszy pokazano specyficzny okres czasu, w którym obserwuje się plusk ("garb") liczby pacjentów z pojawiającymi się przerzutami po przeprowadzonym leczeniu.

Wykorzystanie opracowanego systemu optymalnej interpolacji ***Rokowania Kierownika Medycznego*** do prognozowania progresji procesu nowotworowego u pacjentów onkologicznych w praktyce klinicznej zostało zrealizowane na bazie Republikańskiej Klinicznej Dyspensarni Onkologicznej (RCOD, Tadżykistan).

W tym kierunku **[11] przeprowadzono** badania nad wpływem takich czynników, jak: stan hormonalny; okres występowania przerzutów; obecność przerzutów pojedynczych lub mnogich na rokowanie chorych z ujawnionymi przerzutami raka płuca; szyjki macicy; nowotwory złośliwe jaja; chłoniakomięsaki u dzieci; rak piersi u kobiet i mężczyzn; rak żołądka i jelita grubego.

Rokowania dotyczące progresji procesu nowotworowego u chorych na raka płuca po leczeniu chirurgicznym

Rozwiązanie problemu, które determinowałoby indywidualne rokowanie wyników leczenia u chorych na raka płuca, stało się możliwe dzięki realizacji na komputerze osobistym systemu optymalnej interpolacji ***Rokowania Dowódcy Medycznego***.

W zależności od wybranego okresu kontrolnego obserwacji, rokowanie w wyniku leczenia zostało podzielone na korzystny i niekorzystny.

Jako terminy kontrolne wybrano następujące okresy: ***5*** lat, ***18*** i ***36*** miesięcy od momentu rozpoczęcia działalności.

W onkologii klinicznej wybór 5-letniego okresu został ustalony jako kryterium stabilnego powrotu do zdrowia.

Wybór okresów ***18*** i ***36*** miesięcznych związany jest z przetwarzaniem na komputerze, za pomocą systemu ***Medical Commander Prognosis***, analizy progresji choroby z różnych okresów po operacji (ryc. 76).

Rycina 76 pokazuje, że w przeciwieństwie do ryciny 75, zależność okresów występowania przerzutów guzów nie ma formy wykładniczej, tzn. liczba chorych z występującymi przerzutami guza nie spada wykładniczo w tym czasie, ale znajduje się "garb" chorych z pierwszymi przerzutami i nawrotami grupy operowanych.

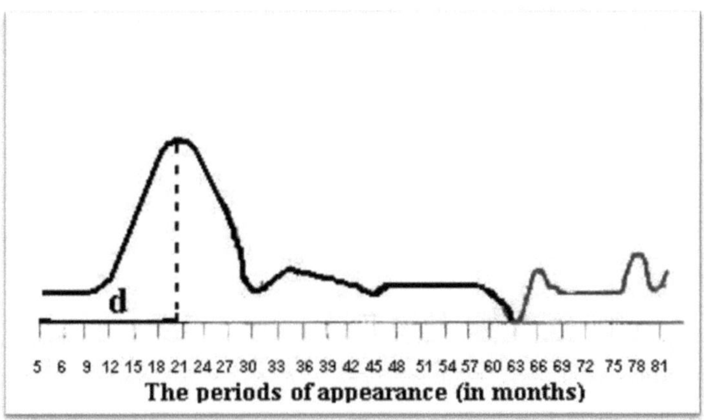

Rysunek 76

Dynamika uogólnienia raka płuca w grupie chorych po realizowany zabieg

d - czas rozprysku maksymalnej liczby pacjentów z pierwszymi przerzutami lub nawrotami po operacji chirurgicznej

Szczyt tego "garbu" przypadł na ***21.*** miesiąc w przedziale od ***12*** miesięcy do ***30*** miesięcy po operacji.

Tak więc pojawienie się przerzutów i nawrotów u pacjentów onkologicznych z rakiem płuca musi nastąpić najprawdopodobniej w tym okresie.

Pozostałe rozpryski ryciny 76 można zakwalifikować jako niewielkie wahania statystyczne wykładniczego spadku liczby pacjentów onkologicznych z przerzutami i nawrotami.

Przeprowadzone badania pozwoliły na wypracowanie nowych podejść do postępowania pooperacyjnego pacjenta po operacji chirurgicznej oraz na wybór okresów badań kontrolnych po zabiegu.

Pacjenci z przewidywanym korzystnym wynikiem nie potrzebują częstych badań w ciągu pierwszych ***3*** lat po operacji.

W tym okresie badanie jest możliwe ***1*** raz na pół roku.

Częstotliwość badań powinna być zwiększona proporcjonalnie do zbliżającego się okresu ***5*** lat.

Częstotliwość badań pacjentów z przewidywanym niekorzystnym wynikiem powinna być zwiększona do miesięcznych badań kontrolnych z osiągnięciem okresów prognozowania wystąpienia przerzutów i nawrotów w okresie od ***12*** miesięcy do ***30*** miesięcy i niezbędnych do zwrócenia szczególnej uwagi na ***21.*** miesiąc.

Wykorzystanie opracowanego systemu komputerowego ***Medical Commander Prognosis*** do indywidualnego prognozowania wyników leczenia jest jakościowo nowym krokiem w rozwiązywaniu kwestii postępowania z pacjentem po przeprowadzonym radykalnym leczeniu.

Takie podejście pozwala w momencie wykonywania zawodu lekarza wypracować indywidualną taktykę postępowania z pacjentem i ujawnić objawy postępu procesu nowotworowego w odpowiednim czasie.

Rokowania dotyczące progresji procesu nowotworowego raka piersi u kobiet i mężczyzn po przeprowadzonym leczeniu

Kobiety, które należały do grupy pacjentek po przeprowadzonym leczeniu, były badane w celu prognozowania pojawienia się pierwszych przerzutów i nawrotów raka piersi.

W tym celu, wśród prognozowanych objawów, stosowanych w praktyce klinicznej, wybrano te, które mają udowodniony lub zakładany wpływ na przebieg choroby po przeprowadzonym leczeniu.

Wybrano ***614*** objawów spośród wszystkich.

Ocenę znaczenia prognostycznego przeprowadzono dla każdego z nich poprzez porównanie częstości występowania w grupach chorych z progresją choroby, która rozpoczęła się w okresie do ***24*** miesięcy od momentu operacji, a wśród tych, u których w tym okresie nie stwierdzono przerzutów i nawrotów.

Informacje uzyskano z kart karetek pogotowia ratunkowego oraz wywiadów z operowanymi pacjentkami z rakiem piersi (***41*** obserwacji).

Postęp choroby, który rozpoczął się w okresie do ***24*** miesięcy od momentu operacji, był wśród ***18*** chorych, a wśród ***23 nie*** stwierdzono okresu przerzutów i nawrotów.

Analiza medyczno-matematyczna z wykorzystaniem zautomatyzowanego systemu kontroli procesu onkologicznego wykazała, że ***8*** objawów częściej prowadzi do niekorzystnego wyniku, czyli w zasadzie objawów miejscowego rozprzestrzeniania się procesu, do korzystnego wyniku - ***12*** objawów, wśród których dominowały cechy morfologiczne guza i tkanki raka piersi.

Dynamikę pojawiania się pierwszych objawów progresji choroby w grupie operowanych pacjentów zbadano przy użyciu systemu ***Rokowanie lekarza dowódcy*** o optymalnej interpolacji.

Wyniki badań przedstawiono na rysunku 77.

Rycina 77 pokazuje, że plusk "garb" pacjentów z pierwszymi przerzutami po operacji pojawia się w okresie od ***6,5*** miesiąca do ***24*** miesięcy, a szczyt przypada na ***18.*** miesiąc.

Pozostałe rozpryski ryciny 77 można wyjaśnić niewielkimi statystycznymi wahaniami późniejszego wykładniczego spadku liczby pacjentów onkologicznych z przerzutami i nawrotami.

Dynamikę uogólnienia raka piersi u mężczyzn po przeprowadzonym leczeniu przy użyciu systemu ***Medical Commander Prognosis*** dla optymalnej interpolacji badał V.

B.Topchiy na podstawie danych Kijowskiego Instytutu Badań Naukowych Onkologii i Radiologii.

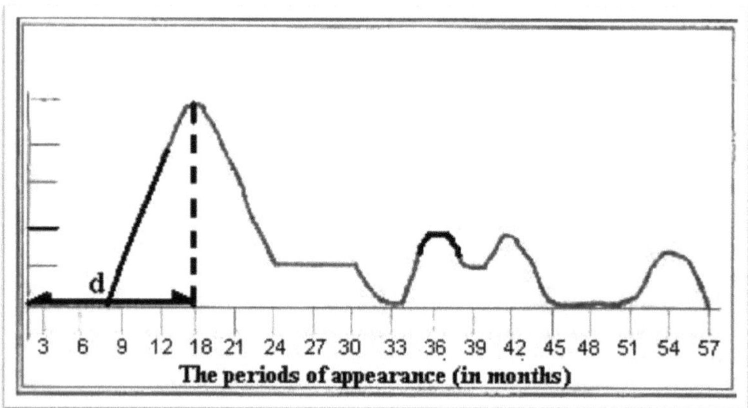

Rysunek 77
Dynamika uogólnienia raka piersi w grupie pacjentek po przeprowadzonych badaniach
Leczenie
d - czas rozprysku maksymalnej liczby pacjentów z pierwszymi przerzutami
lub nawrót po przeprowadzonym leczeniu

Wyniki badań wykazały, że tak samo jak w przypadku raka piersi u kobiet, tak i w przypadku raka piersi po przeprowadzonym leczeniu powstaje "garb" u pacjentek z pierwszymi przerzutami.

Okres tego pluskania jest przesunięty na prawą stronę w porównaniu z przypadkiem raka piersi u kobiet i składa się z okresu od *12* miesięcy do *27* miesięcy, a szczyt pluskania przypada na *22* miesiąc.

Uzyskane wyniki pozwoliły na określenie niektórych podejść do ich praktycznej realizacji.

Okres pojawienia się "garbu" uogólnienia raka piersi u kobiet i mężczyzn musi być stosowany jako kryterium wyboru reżimów badań ankietowych pacjentek i leczenia profilaktycznego.

Istniejąca procedura badań w okresie po przeprowadzonym leczeniu jest całkowicie sprzeczna z uzyskanymi danymi.

Zabieg ten nie prowadzi do wykrycia objawów progresji choroby w okresie "garbu" rozprzestrzeniania się przerzutów i praktycznie pozbawia pacjenta szans, gdyż w tym okresie pacjenci rzadko są badani nawet w odstępach rocznych.

Opracowane podejście opiera się na zasadzie maksymalnego zwiększenia liczby badań testowych przed okresem "garbu" uogólnienia powstawania nowego guza.

Uzyskane dane o okresie pojawienia się "garbu" uogólnienia mogą być kryterium wyboru reżimów chemioterapii, prowadzonej przed zbliżeniem się "garbu" uogólnienia.

Istnieją wszystkie powody, aby oczekiwać, że podobne podejście pozwoli na znaczną poprawę wyników leczenia raka piersi wśród kobiet i mężczyzn.

Prognoza progresji procesu nowotworowego w szyi karku łono po przeprowadzonym leczeniu

Terminowe wykrywanie nawrotów i przerzutów u pacjentów z rakiem szyi macicy, którzy wcześniej byli leczeni, wymaga coraz większego znaczenia, ponieważ uogólnienie procesu nowotworowego jest przyczyną utraty *2/3* z nich.
W latach ***1980-1988*** badano ***320*** historii chorób i kart pogotowia ratunkowego pacjentów z chorobą nowotworową szyi macicy, leczonych w oddziałach onkologicznych

Wszechzwiązkowego Naukowego Centrum Onkologicznego ZSRR (*216 osób*) i Republikańskiego Klinicznego Dozoru Onkologicznego (RCOD, Tadżykistan) (*104 osoby*).

Rozkład chorych według wieku wykazał, że dominującą grupę stanowili pacjenci w wieku od *40* do *49* lat - *93* osoby (*29,1%*).

Średni wiek wynosił *47* lat.

Rozpoznanie złośliwego guza szyjki macicy zostało we wszystkich przypadkach potwierdzone badaniem morfologicznym.

Wśród *244* pacjentów (*76,2%*) stwierdzono wszystkie formy morfologiczne raka kolczystego.

Szczególną uwagę zwrócono na śledzenie dalszych losów wypisanych z organizacji medycznych pacjentów.

Informacje o nich uzyskano na podstawie badań osobowych większości pacjentów w oddziale poliklinicznym poradni onkologicznej, a także odpowiedzi na zapytania o losy pacjentów i dane organizacji onkologicznych dotyczące miejsca zamieszkania.

Czas obserwacji pacjentów po wypisie wahał się od *24* do *125* miesięcy.

W okresie obserwacji uogólnienie procesu nowotworowego obserwuje się u *82* pacjentów (*23,1%*).

Zmarło z nich *19* (*23,1%*) chorych, z przerzutów odległych - *51* (*62,1%*), z dalszego wzrostu - *6* (*7,3%*).

Przeprowadzona analiza medyczno-matematyczna z wykorzystaniem opracowanego zautomatyzowanego systemu sterowania przez proces onkologiczny (***Medical Commander***) o znaczeniu prognostycznym, który charakteryzuje się szczególnymi cechami organizmu pacjenta - właściwościami biologicznymi guza pierwotnego oraz informacjami o prowadzonym leczeniu, wykazała, że na rokowanie szyjki macicy mają zauważalny wpływ *43* objawy (czynniki).

23 objawy doprowadziły do niekorzystnego wyniku, a *20* - do korzystnego.

Prognoza dynamiki uogólnienia nowotworu szyjki macicy została przeprowadzona przy użyciu systemu ***Medical Commander Prognoza*** optymalnej interpolacji i pozwoliła ustalić, że przez określony okres czasu po zakończeniu leczenia obserwowany jest skok "garbu" liczby pacjentów z pierwszymi ujawnionymi przerzutami i nawrotem, a także stworzyć test do przewidywania okresów uogólnienia nowego wytworzenia guza po leczeniu.

Prognoza sprzyjała planowaniu skutecznej taktyki postępowania z pacjentami, realizacji doboru badań testowych i reżimów terapii profilaktycznej.

Materiałem do badań stały się dane z historii chorób oraz z kart pogotowia ratunkowego ***171*** pacjentów z rakiem szyi macicy o dokładnie ustalonym występowaniu przerzutów i nawrotów po leczeniu.

Dynamikę uogólnienia raka szyjki macicy po leczeniu przedstawiono na rycinie 78.

Przedstawiona krzywa wskazuje na rozpryskiwanie się "garbu" pacjentów w okresie od ***3*** miesięcy do ***18*** miesięcy, przy czym szczyt przypada na ***10*** miesięcy.

Pozostałe rozpryski ryciny 78 można scharakteryzować jako niewielkie wahania statystyczne późniejszego wykładniczego spadku liczby pacjentów onkologicznych z przerzutami i nawrotami.

Objawy progresji procesu nowotworowego u większości chorych - ***110*** (***64,3%***) pojawiają się przed okresem "garbowym", a szczyt rozprzestrzenienia przerzutów osiąga dokładnie w punkcie ***10*** miesiąca.

W modelowaniu matematycznym istnieje zasada eksperymentu znacznikowego.

Istota tej zasady polega na tym, że dla udowodnienia wyników modelowania matematycznego niezbędnego do przeprowadzenia eksperymentu (śledzenia) modelu matematycznego na absolutnie nowych, niezależnych danych doświadczalnych.

Jeśli wyniki będą zbliżone pod względem jakościowym, wówczas model jest uznawany za wykonalny.

Identyczne badania nad prognozą dynamiki uogólnienia nowotworu szyjki macicy z wykorzystaniem systemu ***Rokowanie lekarza dowódcy*** dla optymalnej interpolacji przeprowadzono w Wszechzwiązkowym Naukowym Centrum Onkologicznym ZSRR.

Wyniki przeprowadzonych badań w porównaniu z wynikami uzyskanymi w RCOD

(Tadżykistan) przedstawiono na wykresie 79.

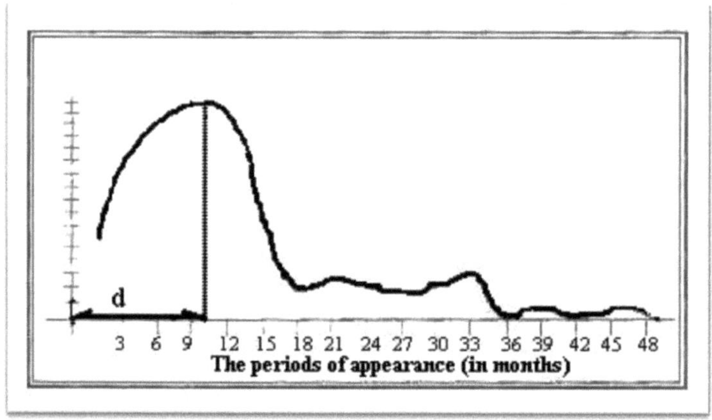

Rysunek 78
Dynamika uogólnienia raka szyi macicy po przeprowadzonym leczeniu
d - czas rozprysku maksymalnej liczby pacjentów z pierwszymi przerzutami lub nawrót choroby po przeprowadzonym leczeniu

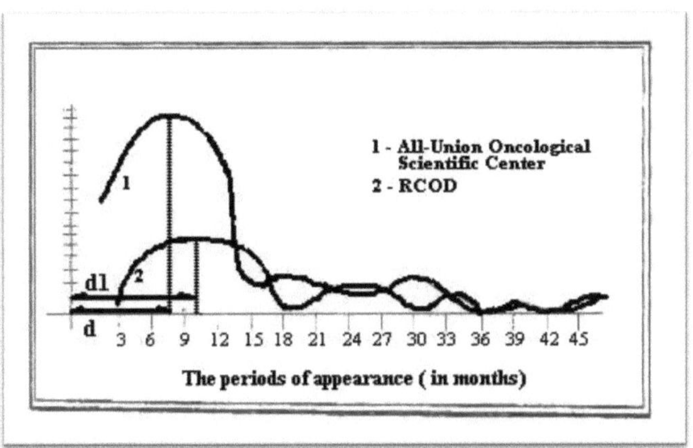

Rysunek 79
Dynamika uogólnienia raka szyi macicy po leczeniu
zgodnie z danymi Ogólnounijnego Naukowego Centrum Onkologicznego i RCOD
d, d1 - czas rozpryskiwania się maksymalnej liczby pacjentów z pierwszym
przerzuty lub nawrót po przeprowadzonym leczeniu

Rysunek 79 pokazuje, że charakter krzywych dla Wszechstronnego Naukowego Centrum Onkologicznego i RCOD są identyczne, co wskazuje na wykonalność modelowania interpolacji.

Ponadto z Rysunku 79 wyraźnie widać, że szczyt rozprzestrzenienia się przerzutów w oparciu o materiały z Ogólnounijnego Naukowego Centrum Onkologicznego (***d** = 7,5 **miesiąca***) jest znacznie wyższy w porównaniu z obserwacjami RCOD, a krzywa uzyskanych wyników dla RCOD jest przesunięta w fazie do właściwego miejsca (szczyt odpowiada ***dl** = **10 miesiąca***).

Uzyskane wyniki wyjaśniono w **[11] faktem,** że operacja panhysterektomii w RCOD została wykonana tylko przez jedną brygadę chirurgów.

Wszystkim kobietom przed operacją wykonano kolorową limfografię przez feofitynat miedzi, a operacja radykalności limfadenektomii miednicy była kontrolowana przez radiografię.

Ujawnione kontrastowe węzły chłonne w trakcie operacji i naczynia były odsuwane, co zapewniało radykalność przeprowadzonego zabiegu.

Dynamika powstawania przerzutów i nawrotów nowotworów szyjki macicy po przeprowadzonym leczeniu zależy przede wszystkim od poziomu udzielania pomocy terapeutycznej, a także od jakości utrzymania kliniki w okresie po przeprowadzonym leczeniu oraz przestrzegania okresów badań testowych w celu wczesnego wykrywania progresji choroby i prowadzenia terapii profilaktycznej.

Wpływ struktury morfologicznej guza na dynamikę uogólnienia nowotworu szyjki macicy badano za pomocą systemu ***Medical Commander Prognosis*** of computer optimal interpolation.

Na rysunku 80 przedstawiono uzyskane wyniki.

Okresy rozprysków "humpsów" i ich maksymalna liczba chorych z pierwszymi przerzutami i nawrotami po przeprowadzonym leczeniu zostały rozłożone w kolejności malejącej, według maksymalnej liczby chorych:

1. Rak keratynowy kolczystokomórkowy (***d2** = $^{10.}$* miesiąc, ***60*** pacjentów) - okres od ***3*** miesięcy do ***19*** miesięcy.

2. Rak kolczystokomórkowy nierogowaciejący (***dl*** = ***8.*** miesiąc, ***45*** pacjentów) - okres od ***3*** miesięcy do ***16*** miesięcy.

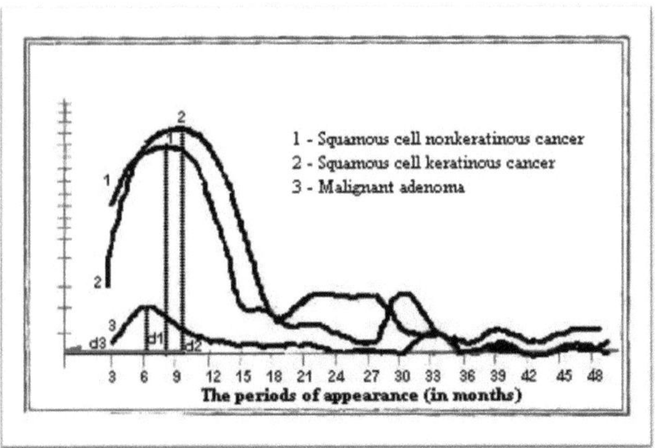

Rysunek 80

Dynamika uogólnienia raka szyi macicy w zależności od struktura morfologiczna guza

1. Rak nierogowaciejący komórek szklistokomórkowych (d1)
2. Rak zrogowaciały komórek szklistokomórkowych (d2)
3. Gruczolak złośliwy (d3)

3. Gruczolak złośliwy (***d3*** = [6] miesięcy, ***8*** pacjentów) - период od ***3*** miesięcy do ***12*** miesięcy.

Tak więc maksymalna liczba pacjentów onkologicznych z płaskonabłonkowym rakiem rogówki, wśród których obserwowano pierwsze przerzuty, składała się z ***60 pacjentów,*** a czas osiągnięcia tej maksymalnej liczby składał się z maksymalnego czasu pojawienia się przerzutów wśród trzech form raka.

W związku z tym w okresie przejściowym od raka kolczystokomórkowego nierogowaciejącego do gruczolaka złośliwego maksymalna liczba chorych spadła z ***45*** do ***8***, a czas osiągnięcia tej maksymalnej liczby zmniejszył się z ***8*** miesięcy do ***6*** miesięcy (***d1*** i ***d2*** równe ***9.*** miesiąc).

Do określenia skuteczności stosowanych metod leczenia pacjentów onkologicznych wykorzystano opracowany system ***Medical Commander Prognosis***.

U onkologów, którzy byli poddawani leczeniu skojarzonemu - ***52*** osoby (***30,4%***) oraz leczeniu skojarzonemu - 119 osób (***69,2%***).

Rysunek 81 przedstawia dynamikę uogólnienia raka szyjki macicy w zależności od metody leczenia.

Po przeprowadzeniu leczenia łączonego i kombinowanego u pacjentów onkologicznych okres pojawienia się pierwszych przerzutów i nawrotów choroby jest praktycznie identyczny (czas szczytu rozprysków "humpsów").

Opracowana metoda prognozowania pozwala więc na określenie skuteczności leczenia: im dłuższy okres maksymalnego przeżycia u pacjentów onkologicznych z pierwszymi przerzutami lub nawrotami po przeprowadzonym leczeniu, tym skuteczniejsza metoda leczenia.

Przeprowadzona analiza wykazała, że w dynamice pojawiania się przerzutów i nawrotów raka szyjki macicy po przeprowadzonym leczeniu wpływ ma stopień miejscowego rozprzestrzenienia się guza, jego struktura morfologiczna, uzasadniony wybór tej czy innej metody leczenia.

Zastosowanie komputerowej prognozy interpolacji pozwoliło na stworzenie modelu uogólnienia raka szyjki macicy o różnych strukturach morfologicznych i stopniu zaawansowania chorób, na podstawie których ujawniono okresy aktywnego pojawiania się przerzutów i nawrotów, a także na opracowanie metody określania skuteczności leczenia, taktyki doboru chorych na raka.

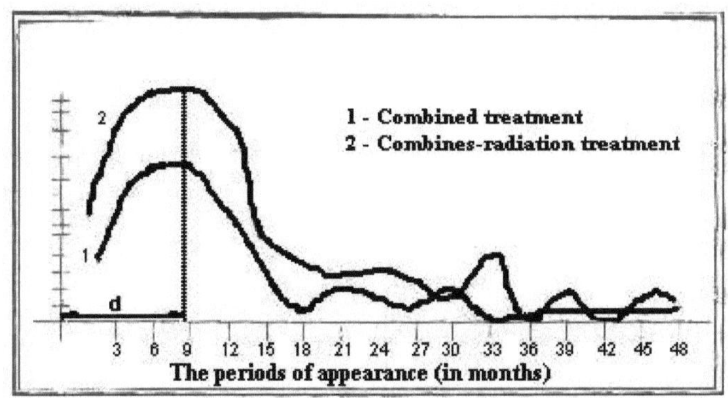

Rysunek 81

Dynamika uogólnienia raka szyi macicy w zależności od metoda leczenia

d - czas rozbryzgania się maksymalnej liczby pacjentów z pierwszym przerzuty lub nawrót po przeprowadzonym leczeniu okresy badań i terapii profilaktycznej przed okresem remisji klinicznej.

Badanie procesów uogólniania limfogranulomatoz *wśród dzieci po zakończeniu napromieniowania*

Do badań wykorzystano informacje materialne z ***247*** wywiadów chorobowych i kart pogotowia ratunkowego dzieci z limfogranulomatozą I-IV stadium choroby.

Otrzymany materiał kliniczny przeszedł obróbkę matematyczną i analizę medyczno-statystyczną w zautomatyzowanym systemie kontroli przez proces onkologiczny.

Na podstawie analizy medyczno-statystycznej ustalono grupy objawów (czynników), które mają największy wpływ na przebieg kliniczny i wynik choroby u dzieci.

Na odpowiednio dużym materiale klinicznym (***268*** morfologicznie zweryfikowanych obserwacji limfogranulomatozy u dzieci), przy użyciu systemu ***Medical Commander Prognosis*** o optymalnej interpolacji komputerowej, dokonano prognozowania czasu pojawienia się i nawrotów choroby po przeprowadzeniu kompleksowej radioterapii.

W rezultacie stworzono medyczno-statystyczne modele procesu uogólniania limfogranulomatozy z I-IV stadium wersji mieszanokomórkowej i na ich podstawie określono okresy obserwacji klinicznej oraz prowadzenia polikhemoterapii adiuwantowej w okresie po zakończeniu leczenia chemioterapeutycznego.

Na podstawie uzyskanych wyników zaproponowano taktykę doboru okresów badań testowych pacjentów onkologicznych w okresie obserwacji po kompleksowym leczeniu guza pierwotnego.

Optymalnymi okresami do przeprowadzenia chemioterapii profilaktycznej są okresy, które poprzedzały podniesienie "garbu" chorych dzieci, z objawami postępującej choroby.

Wyniki zastosowania komputerowego systemu rokowania interpolacyjnego ***Medical Commander Prognosis*** pozwoliły na określenie korzystnego przebiegu limfogranulomatozy podczas indywidualizacji prowadzenia polikhemoterapii indukcyjnej.

Lokalno-regionalna radioterapia jako utrwalenie remisji promowała jej większą trwałość.

Uzyskane wyniki wykazały niewypłacalność chemioterapii wspomagającej w ramach profilaktycznego leczenia nawrotów choroby.

Tak więc zastosowanie komputerowego systemu rokowania interpolacyjnego ***Medical Commander Prognosis***, pozwala w odpowiednim czasie ujawnić chore dzieci z objawami nawrotu po kompleksowym leczeniu radiologiczno-khemoterapią oraz przeprowadzić przebieg leczenia profilaktycznego, co daje wszelkie podstawy do oczekiwania poprawy odległych wyników leczenia dzieci, które cierpią na chłoniaka.

Prognoza progresji procesu nowotworowego raka jaja po realizowany zabieg

W RCOD zlokalizowano ***231*** pacjentów z nowotworem nowych formacji jaja.

Pacjenci mieli kompleksowe obserwacje kliniczne.

Wszyscy chorzy zostali podzieleni na dwie grupy: chorzy z obecnością guza pierwotnego - ***154*** chorych (***66,7%***), chorzy, którzy zgłosili się do poradni po operacji orchiektomii lub orchiecfnikulektomii z innych organizacji terapeutycznych - *77* chorych (***33,3%***).

W diagnostyce i leczeniu nowych form komórek jajowych guza duże znaczenie ma pokonanie przerzutów do regionalnych węzłów chłonnych, ponieważ jest to pierwszy etap uogólnienia choroby.

Wykrywanie przerzutów zaotrzewnowych stwarza warunki do wyboru w odpowiednim czasie skutecznych metod leczenia.

Dominująca sytuacja wymaga od klinicystów nowego podejścia i rozwoju metod diagnostycznych i terapeutycznych.

W przeprowadzonych obserwacjach nowotwory złośliwe jaja zasadniczo przerzutowały do naczyń limfatycznych, uderzając w różne grupy węzłów chłonnych: zaotrzewnowy - ***50,2%***, śródpiersie - ***4,3%***, nadobojczykowy - ***10%***, szyjny - ***0,3%***, pachwinowy - ***1%***, pachwinowy - ***5,3%***.

Klęskę płuc i innych narządów często spotykano w wieku od ***20*** do ***45*** lat.

Guzy teratomatomatyczne bardziej charakterystycznie uderzają w narządy wewnętrzne - ***34,7%***.

Przerzuty pokonane z organów wewnętrznych przez guzy międzykomórkowe, stanowiły *23,5%*.

Często teratoblastoma pokonały płuca - *49%*.

Ustalono więc zależność rozprzestrzeniania się przerzutów od struktury morfologicznej guzów.

Komputerowy system prognozowania interpolacji ***Rokowanie lekarza dowódcy wykorzystano*** do opracowania dynamiki progresji nowotworów złośliwych jaja i ustalenia rzeczywistych okresów prowadzenia specjalnej terapii antytumorygenowej po operacyjnym usunięciu jaja.

Żaden z tych pacjentów na moment rozpoczęcia leczenia nie miał przerzutów.

W tym przypadku określono rozbryzg chorych "garbem" z pojawiającymi się przerzutami w grupie guzów złośliwych jaja, które zostały poddane jedynie leczeniu chirurgicznemu.

Okres pluskania "garbu" wynosił ***3-6*** miesięcy od operacji na guzie pierwotnym (orchiecfnikulektomia), a szczyt "garbu" osiągnięto w ***5.*** miesiącu.

W przypadku guza rogowaciejącego jaja dynamika rozwoju przerzutów pierwotnych w grupie tylko operowanych pacjentów przybierała następującą postać: w okresie od ***3*** do ***5*** miesięcy notowano rozbryzg "garbu" pacjentów od momentu operacji ze szczytem w punkcie [4] miesiąca.

Odnotowano zachlapanie "garbem" pacjentów, w stosunku do pacjentów, którzy byli leczeni profilaktycznie w okresie pooperacyjnym, a okres pojawienia się przerzutów zmniejszył się z ***8*** do ***10*** miesięcy, a jego szczyt przypada na ***9.*** miesiąc.

Wynik ten świadczy o skuteczności stosowania pooperacyjnego okresu chemioterapii profilaktycznej oraz dowodzi zdolności komputerowego systemu optymalnej interpolacji ***Rokowania Dowódcy Medycznego*** do oceny skuteczności przeprowadzonego leczenia.

Zastosowanie systemu komputerowego o optymalnej prognozie interpolacyjnej ***Medical Commander Prognosis*** pozwoliło na stworzenie modelu uogólnienia nowotworu jaja, który uwzględniałby wiek chorych, budowę morfologiczną guza, czas zachorowań, agresywność procesu nowotworowego, na podstawie których ujawniono okresy aktywnego występowania przerzutów i nawrotów, oraz na opracowanie metody określania skuteczności leczenia, taktyki doboru okresów badań testowych i terapii profilaktycznej w okresie remisji klinicznej.

Podsumowując, należy zauważyć, że zastosowanie komputerowego systemu optymalnego rokowania interpolacyjnego ***Medical Commander Prognosis*** w badaniu nowych form nowotworu płuc, raka piersi u kobiet i mężczyzn, guzów szyi macicy, nowotworów złośliwych jaja i chłoniaków u dzieci, pozwala na stworzenie medyczno-matematycznego modelu guza, który liczbowo odzwierciedla wszystkie prawa przebiegu procesu nowotworowego po przeprowadzonym leczeniu.

Przebiegowi procesu nowotworowego po przeprowadzonym leczeniu towarzyszy pojawienie się plusków pierwszych przerzutów i nawrotów w grupie chorych, czas wystąpienia maksymalnej liczby chorych plusków zależy zarówno od samego guza, jak i od wyboru metody leczenia.

Komputerowy system optymalnego rokowania interpolacyjnego ***Medical Commander Prognosis*** udowodnił możliwość jego wykorzystania do określenia skuteczności stosowanych metod leczenia pacjentów onkologicznych.

Możliwość komputerowego systemu optymalnego prognozowania interpolacji ***Rokowanie medyczne Dowódcy*** Szeroka praktyczna realizacja jest wymownym wynikiem przeprowadzonych badań.

Na podstawie uzyskanych wyników opracowano procedurę, która pozwala zaplanować optymalną taktykę postępowania z pacjentami pooperacyjnymi, wybrać okresy badań testowych i reżimy leczenia profilaktycznego pacjentów onkologicznych.

Wyniki badań naukowych pozwoliły na zmniejszenie częstości występowania przerzutów, ale także na znaczne odsunięcie na bok okresów ich występowania.

Uzyskane wyniki stały się podstawą do przeprowadzenia szeregu praktycznych działań w zakresie okresowej obserwacji i badania pacjentów onkologicznych w celu poprawy odległych wyników leczenia.

Wniosek

1. Opracowane algorytmy matematyczne obliczeń numerycznych na komputerze pozwoliły szybko i dokładnie obliczyć współrzędne profilu formy, całkowitą powierzchnię kwadratu, objętość pęcherzyków gazu o szerokim zakresie β, odpowiadały rzeczywistym pęcherzykom gazu, a siły, jakie na nie oddziaływały w cieczy, jeśli eksperymentalnie przypisano im (w postaci zdjęcia) ich formę.

2. Wyniki obliczeń numerycznych opracowanego komputerowego modelu zachowania się pęcherzyka gazowego, zamocowanego na powierzchni materiału stałego, ze zmianą napięcia powierzchniowego na granicy odcinka faz ciecz-gaz i kąta zwilżalności stykowej są całkowicie zbieżne z wnioskami z wcześniej przeprowadzonych badań doświadczalnych i mogą posłużyć do wyjaśnienia mechanizmu działania niepolarnych odczynników na złożony pęcherzyk gazowy - materiał stały w cieczy.

3. Wyniki przeprowadzonego komputerowego modelowania zachowania się utrwalonego na powierzchni materiału stałego pęcherzyka gazu ze spadkiem przyspieszenia grawitacyjnego, udowodnione eksperymentalnie w trakcie przeprowadzonych badań na pokładzie latającego laboratorium (FL) IL-76K, wykazały możliwość praktycznego wykorzystania opracowanego modelu komputerowego do symulacji zachowania się rzeczywistych pęcherzyków gazu lub kropli w cieczy o szerokim zakresie β w procesach chemiczno-technologicznych, które zachodzą w systemach podtrzymywania życia i zasilania automatycznych statków kosmicznych, w rzeczywistych warunkach lotu kosmicznego.

4. Wyniki przeprowadzonych obliczeń i doświadczeń na pokładzie latającego laboratorium (FL) IL-76K wykazały, że opracowany model zachowania się pęcherzyka gazowego, umocowanego na powierzchni ciała stałego, przy jednoczesnej zmianie przyspieszenia grawitacyjnego, napięcia powierzchniowego na granicy odcinka faz ciecz-gaz i kąta zwilżalności kontaktowej, pozwolił na dokładne obliczenie zmian postaci pęcherzyka gazowego w warunkach małej grawitacji, które pojawiają się przy specjalnie wytworzonej zmianie napięcia powierzchniowego na granicy odcinka faz ciecz-gaz i kąta zwilżalności kontaktowej.

5. Wyniki przeprowadzonej symulacji komputerowej zachowania się pęcherzyków gazu w cieczy wibrującej ze zmianą przyspieszenia grawitacyjnego, dowiedzione

doświadczalnie w trakcie przeprowadzonych badań na pokładzie latającego laboratorium (FL) IL-76K, pokazały możliwość praktycznego wykorzystania opracowanego modelu zachowania się rzeczywistych pęcherzyków gazu w cieczy wibrującej, w gazowo-cieczowych układach podtrzymywania życia i zasilania automatycznych statków kosmicznych, w rzeczywistych warunkach lotu kosmicznego.

6. Opracowany system automatycznej kontroli przez proces onkologiczny pozwala nie tylko w każdej chwili uzyskać pełną informację o pacjencie, prowadzonych metodach badania i leczenia, ale także, wykorzystując modelowanie komputerowe, skutecznie uczestniczyć w procesie leczenia pacjentów onkologicznych w praktyce klinicznej.

Skuteczny udział w procesie leczenia pacjentów onkologicznych odbywa się poprzez realizację: indywidualnego planowania taktyki badania pacjenta; zindywidualizowanego rokowania, które określa możliwość indywidualnego podejścia do monitorowania i leczenia pooperacyjnego pacjenta; wyboru najbardziej optymalnej metody leczenia i przewidywania jego wyników.

7. Opracowane programy komputerowe z zakresu diagnostyki spektroskopowej w podczerwieni, klasyfikacji i prognozowania metod leczenia nowotworów pozwalają na wykorzystanie nowoczesnych metod analizy chemii fizycznej i modelowania matematycznego w diagnostyce, leczeniu i obserwacji pacjentów onkologicznych.

Metoda komputerowej spektroskopii w podczerwieni pozwala na wykonywanie pracy w reżimie czasu rzeczywistego, tj. na uzyskanie w ciągu kilku sekund informacji o etapie badania, leczenia i obserwacji pacjenta.

Opracowane programy dają możliwość, za pomocą spektrofotometru komputerowego, zbadania mechanizmu chemii fizycznej powstawania guza, a także aktywnego uczestniczenia w procesie leczenia nowotworów złośliwych nowych formacji.

Istotą korzystania z komputera w tym przypadku jest ustalenie podstawowych przyczyn występowania choroby z punktu widzenia chemii fizycznej, ustalenie prognozy jej wyników, wybór optymalnych metod leczenia.

Uzyskane wyniki dają lekarzowi możliwość zastosowania szeregu nowych testów, schematów, które wyraźnie zwiększają skuteczność diagnostyki i doboru metody leczenia.

8. Zastosowanie komputerowego systemu optymalnej prognozy interpolacji ***Rokowanie lekarza dowódcy*** w badaniach nowotworów nowych formacji płuca; nowotworów kobiecych i męskich; nowotworów szyi macicy; nowotworów złośliwych jaja i chłoniaków chłonnych u dzieci, pozwala na stworzenie medyczno-matematycznego modelu guza, który liczbowo odzwierciedla wszystkie prawa przebiegu procesu nowotworowego po przeprowadzonym leczeniu.

Przebiegowi procesu nowotworowego po przeprowadzonym leczeniu towarzyszy pojawienie się plusków pierwszych przerzutów i nawrotów w grupie leczonych pacjentów, a czas wystąpienia maksymalnej liczby plusków zależy zarówno od samego guza, jak i od wyboru metody leczenia.

Opracowany komputerowy system optymalnego rokowania interpolacyjnego ***Medical Commander Prognosis*** udowodnił możliwość jego wykorzystania do określenia skuteczności stosowanych metod leczenia pacjentów onkologicznych.

Przeprowadzone badania z wykorzystaniem opracowanego komputerowego systemu optymalnej prognozy interpolacji "***Medical Commander Prognosis***" pokazały sensowny rezultat tej prognozy w szerokiej praktycznej realizacji.

Na podstawie uzyskanych wyników opracowano procedurę, która pozwala na zaplanowanie optymalnej taktyki postępowania z pacjentami pooperacyjnymi, dobór okresów badań i reżimów leczenia profilaktycznego pacjentów onkologicznych.

Wyniki badań naukowych pozwalają nie tylko na zmniejszenie częstości występowania przerzutów, ale także na znaczne odsunięcie na bok okresów ich występowania.

Uzyskane wyniki stały się podstawą do przeprowadzenia szeregu praktycznych ustaleń dotyczących okresowej obserwacji klinicznej i badania pacjentów onkologicznych w celu poprawy odległych wyników leczenia.

Referencje

1. Bouzguenda M., Rahman S. Energy management on board the Space Station - podejście oparte na regułach. IEEE Transactions on Aerospace and Electronic Systems. Tom 27, wydanie 2, sierpień 2012 r.

2. Russel J., Klaus D. Konserwacja, niezawodność i zasady działania systemów podtrzymywania życia stacji kosmicznych na orbicie. Inżynieria niezawodności i bezpieczeństwo systemu. Tom 92, wydanie 6, czerwiec 2007, str. 808-820.

3. Samarskiy A.A., Mikhaylov A.P. Modelowanie matematyczne: Pomysły. Metody. Przykłady. M., Fizmatlit, 2001, 320.

4. Shoikhedbrod M.P., Shoikhedbrod S.P. Korzystaj z komputera w służbie onkologicznej. IV Ogólnounijny kongres onkologów. Tezy raportów. Leningrad. 1986

5. Akhmedov B.P., Shoikhedbrod S.P., Shoikhedbrod M.P., Chernovsky A.K. Zasady organizacji i struktura zintegrowanego automatycznego systemu sterowania w regionalnym serwisie onkologicznym. Perspektywiczne kierunki rozwoju teorii informacji i technologii informatycznych w dziedzinie zdrowia publicznego. Tezy raportów. Moskwa. 1986

6. Shoihedbrod M.P., Komarov Yu.I., Shafransky L.L. Diagnostyka spektroskopowa w podczerwieni i klasyfikacja guzów kości przy użyciu komputera w praktyce klinicznej. Perspektywiczne kierunki rozwoju teorii informacji i technologii informatycznych w dziedzinie zdrowia publicznego. Tezy raportów. Moskwa. 1986

7. Leskova N. Tak łatwo jak. Itogy. №5/869 04.02.2013

8. Lactionov K.K. Kolczystokomórkowy rak płuca (wartość kliniczno-morfologicznej i molekularno-genetycznej charakterystyki guza w prognozowaniu wyników leczenia chirurgicznego). Disserty. Dr Med. sciences, M., 2004

9. Akhmedov B.P., Shoikhedbrod S.P., Shoikhedbrod M.P., Chernovsky A.K. Medyczne i matematyczne modelowanie procesów generalizacji nowotworów złośliwych. Rozprzestrzenianie się przerzutów nowotworów złośliwych nowe podejścia. Przedruki raportów na Sympozjum Ogólnounijne 1ts. Kijów, 1991

10. Enderling H., Chaplain M.A.J. Matematyczne modelowanie wzrostu guza i Leczenie. Current Pharmaceutical Design, 2014, V, 20, No. 00

11. Akhmedov B.P., Akhmedova Sh.B. Wyniki zastosowania specjalnych metod matematycznych badań na komputerze w badaniu prognozowania i modelowania procesów uogólniania złośliwych nowych formacji. Taszkient, 2002

12. Bashforth F., Adams J. Capillary Action. Cambridge, 1883.

13. Hydromechanika nieważkości. Redagowany przez A.D. Myshkis. M., Nayka, 1976, 51.

14. Fordham G. "Proc. Roy. Soc.", 194, 1, 1947.

15. Padday J.F. Profile osiowo symetrycznych menisci. Phys. Trans. Roy. Soc.., Londyn, 269, 1197, 1971.

16. Melik-Gaykazyan V.Y. Studium nad mechanizmem działania niepolarnego odczynniki z unoszeniem się cząstek na powierzchni hydrofobowej, Sb: Podstawy fizykochemiczne działania kolektorów niepolarnych z unoszeniem się na wodzie rud i węgla, M., Nayka, 1965.

17. Melik-Gaykazyan V.Y., Emelyanov V.M., Emelyanova N.P. Do rozwiązania problemy unoszenia się piany na podstawie równań kapilarnych fizyka. Informacje górskie - biuletyn analityczny. Sprawa. 5, 2011.

18. Frumkin A.N. Wybrane artykuły: procesy elektrodowe. M., Nayka, 1987.

19. Melik-Gaykazyan V.I. JFC, 36, №10, 1962, 2254.

20. Melik-Gaykazyan V.I., Emelyanova N.P., Kozlov P.S., Yushina T.I. Do badania procesu unoszenia się piany i doboru odczynników na podstawie mechanizmu ich działania. Stężenie rudy metali nieżelaznych. № 2, 2009.

21. Taca Józefa. Na wartości równowagi masy cieczy o zerowej grawitacji. "Mem. Acad. Roy. "Belgiqe, Neuv., Ser. 23,1849.

22. Benedykt Elliot T. Nieważkość Zjawiska fizyczne i efekty biologiczne. Springer, 17 grudnia 2013 r.

23. Polezhaev V. I. Hydromechanika i procesy wymiany ciepła z masą ze względu na warunki mikrograwitacji: historia, etapy rozwoju i współczesne trendy badań podstawowych i stosowanych. Instytut Problemów Mechaniki RAN [Rosyjska Akademia Nauk], preprint z №779, Moskwa, 2005.

24. Shuleikin V.V. Kształt powierzchni cieczy, która traci na wadze. DAN SSSR, 147, №1, 1962, 92-95.

25. Shuleikin V.V. Nadal o zachowaniu się cieczy, która traci na wadze, DAN SSSR, 147, №5, 1962, 1075-1078.

26. Hill R.J.A., Eaves L. Nonaxisymmetric Shapes of a Magnetically Levitated and Spinning Water Droplet. Physical Review Letters, 101, 234501, 2008.

27. Korolkov A.V. Zachowanie płynnego gazu systemowego z powodu warunków, bliskich nieważkości. Forest Herald. Wydanie nr 2 (94), 2013.

28. Meseguer J., Sanz-Andrés A., Pérez-Grande I., Pindado S., Franchini S. i Alonso G. Napięcie powierzchniowe i mikrograwitacja. Eur. J. Phys., 35, 2014.

29. Zenkiewicz V.B. O zachowaniu się cieczy w warunkach nieważkości. Termofizyka wysokich temperatur. 2, 1964, 230-237

30. Kirco I.M., Dobychin E.I., Popov V.I. Zjawisko kapilarnej "gry w piłkę" w warunkach nieważkości. DAN SSSR, 192, №2, 1970, 301

31. Bleich H.H. Wpływ wibracji na ruch małych pęcherzyków gazu w cieczy. Napęd odrzutowy, 1956, v.26, 11, 958-963.

32. Blech H.H. Podłużne wymuszone wibracje cylindrycznych zbiorników paliwa. Napęd odrzutowy, v.26, 2, 1966, 109-111.

33. Baird M.H.J. Pęcherzyki rezonansowe w pionowo wibrującej kolumnie cieczy. Canadian Journal of Chemical Eng., v.41, 1963, 52-58.

34. Blekhman I.I., Vasilkov V.B., Sorokin V.S. Swobodny przepływ pęcherzyków gazu w cieczy wibracyjnej. Koncentracja rudy, 2010, 4.

35. Zoueshtiagh F., Caps H., Legendre M., Vandewalle N., Petitjeans P. i Kurowski P. Pęcherzyki powietrza pod wibracjami pionowymi. Eur. Phys. J. E, 2006

36. Ganiew R.F., Łapczyński W. F. Problemy mechaniki w technologii kosmicznej, M., Mashinostroenye, 1978 r.

37. Shoikhedbrod M. P. Zachowanie pęcherzyków gazu przy zmiennej grawitacji. Lambert Academic Publishing, 2017, Торонто.

Printed by Books on Demand GmbH, Norderstedt / Germany